Heillose Macht!

Heillose Macht!

Von der Kultur der Angst im kirchlichen Dienst

Herausgegeben von
Thomas Hanstein, Hiltrud Schönheit und
Peter Schönheit

HERDER
FREIBURG · BASEL · WIEN

FSC
www.fsc.org
MIX
Papier aus verantwortungsvollen Quellen
FSC® C014496

www.herder.de
Umschlaggestaltung: Verlag Herder
Umschlagmotiv: © James / unsplash
Satz: Barbara Herrmann, Freiburg
Herstellung: GGP Media GmbH, Pößneck
Printed in Germany
ISBN Print 978-3-451-39553-6
ISBN E-Book (E-Pub) 978-3-451-83553-7
ISBN E-Book (PDF) 978-3-451-84553-6

„Im Anfang war das Wort …“
Allen Sprachlosen und Unsichtbaren gewidmet

Inhalt

II Missbrauch durch fehlenden Gestaltungswillen

III Missbrauch durch Veränderung der Aufgabe

IV Missbrauch durch Fokussierung auf andere Ziele

Geleitwort

Seit nunmehr zwölf Jahren setzen wir uns innerhalb der katholischen Kirche mit dem großen Problem der sexualisierten Gewalt auseinander. Wir tun dies, weil eine solche Auseinandersetzung einfach nicht mehr vermeidbar war. Mit jeder Veröffentlichung eines auf eine Diözese bezogenen Gutachtens tun sich neue Abgründe auf – Abgründe der Monstrosität begangener Taten, aber auch Abgründe von Vertuschung und Verantwortungslosigkeit in den zuständigen Kirchenleitungen.

Zweifellos ist sexualisierte Gewalt die verwerflichste Form der Ausübung von Macht. Bis jetzt ist innerkirchliche Machtausübung als solche nicht in hinreichendem Maß einer professionellen kritischen Betrachtung unterzogen worden.

Besonders betroffen – das zeigen die in diesem Band versammelten Berichte – sind in der Kirche und in kirchlichen Einrichtungen abhängig Beschäftigte, die der Willkür von Vorgesetzten ausgeliefert sind. Demütigungen, widersinnige Anweisungen und bewusste Schikanen treffen insbesondere Mitarbeitende in kirchlichen Diensten, die sich oft vergeblich um Unterstützung bemühen. Längst erfolgt dieser Missbrauch nicht mehr nur von Geweihten in ihrem Verständnis der ontologischen Veränderung durch die Weihe, sondern zunehmend übernehmen auch Nicht-Kleriker klerikales Gehabe zur Durchsetzung ihrer Ziele.

Aber selbst „einfache“ Gläubige werden von Amtsträgern – sowohl Priestern als auch Haupt- und Ehrenamtlichen wie bspw. Pastoralreferenten, Pfarrgemeinderäten oder Oberministranten – im Namen Gottes niedergemacht; warum diese sich solches Verhalten gefallen lassen, ist mir völlig unverständlich. Die Angst vor menschlichen und göttlichen Sanktionen wird immer wieder als Machtmittel zur Durchsetzung zweifelhafter Ziele von vermeintlich wohlmeinenden Menschen massiv eingesetzt. Ist tatsächlich der Mensch im kirchlichen Amt immer noch sakrosankt?

All dies geschah und geschieht in der Verantwortung, aber viel zu oft unter bewusst abgewandten Blicken von kirchlichen Verwaltungen mit dem jeweiligen Bischof an der Spitze.

Solange strukturelle Gewalt und nicht Führungskultur im hierarchischen System der katholischen Kirche herrscht, handelt es sich tatsächlich um heillose Macht. Diese einzudämmen oder im besten Fall zu beseitigen, ist die Aufgabe aller Bischöfe und aller Menschen im Haupt- und im Ehrenamt, die nicht mehr ohnmächtig zusehen wollen, sondern das Wort ergreifen. So wie die 50 mutigen Frauen und Männer im vorliegenden Band. Darüber hinaus sind alle Verantwortlichen in der Politik gefordert. Ein Zuschauen und das Vertrauen, dass es die Kirche intern regeln wird, darf es nicht mehr geben. Das ist in den letzten Jahren gründlich schiefgegangen. Hierauf setze ich.

Dr. Barbara Hendricks

Bundesministerin a. D.
Mitglied des Zentralkomitees der deutschen Katholiken und Mitglied der Sachverständigengruppe „Weltwirtschaft und Sozialethik“ der Deutschen Bischofskonferenz

Heillose Macht! – Einleitung

Um es vorwegzunehmen: Nicht Macht als solche – verstanden als Gestaltungswille verbunden mit Gestaltungsfähigkeit in einer definierten Aufgabe mit festgelegten Zielen –, sondern deren heilloser Missbrauch zur brachialen Durchsetzung von Interessen, Regeln und Glaubenssätzen ist das Thema dieses Sammelbandes. Die Frage von Macht und Machtmissbrauch in der katholischen Kirche ist seit mehreren Jahren im Fokus der Öffentlichkeit. Die Bewegung „Wir sind Kirche" richtete bereits vor Jahrzehnten das Augenmerk auf Klerikalismus und Macht. Seit 2019 wendet sich die Initiative Maria 2.0 gegen lebensfeindliche Machtstrukturen. Vor zwei Jahren sprach Sr. Philippa Rath erstmalig öffentlich von einer „Kultur der Angst" in der Kirche. Die mutige Aktion #OutInChurch – für eine Kirche ohne Angst hat gezeigt: Wenn sich viele mit ähnlichen Erfahrungen zu Wort melden, kippt das kirchenamtlich zementierte Machtgefüge.

Unabhängig von den Fragen der Geschlechtsidentität und möglicher Diskriminierung aufgrund sexueller Orientierung berichten kirchliche Mitarbeitende und Ehrenamtliche im Coaching, in der Beratung und seelsorglichen Begleitung immer wieder von speziellen, kirchenspezifischen „Macht-Spielen". Die Mehrzahl schweigt bis heute – aus demselben Motiv, das #OutInChurch entlarvt hat: aus Angst. Bezeichnend, geradezu entlarvend muss vor diesem Hintergrund die Aussage des Vorsitzenden der Deutschen Bischofskonferenz, Bischof Dr. Georg Bätzing, zum Abschluss der dritten Synodalversammlung gewertet werden, welcher die Atmosphäre als „vertrauensvoll, angstfrei, konstruktiv" bewertete; als ob dies im Jahr 2022 noch immer etwas Besonderes, ja geradezu Außergewöhnliches sei.

Mit diesem Sammelband soll denen eine Stimme gegeben werden, die aus dem geschützten Bereich von Coaching und Beratung heraustreten wollen und aktuell können. Denn auch hier gilt: Erst wenn viele in Erscheinung treten, sich zu Wort melden und überregionale Netzwerke bilden, werden überkommene Machtstrukturen entlarvt und können im besten Falle in der Folge beseitigt werden. Die hier versammelten 50 Stimmen stehen stellvertretend und solidarisch für all jene, die den Schritt des Aussprechens und Ausschreibens noch nicht gehen können – aus welchen Gründen auch immer. „Heillose Macht!" bündelt persönliche Zeugnisse aus verschiedenen kirchlichen Feldern, um Ähnlichkeiten in der kirchenspezifischen Erfahrung von Macht und Ohnmacht an ganz verschiedenen Wirkungsorten aufzuzeigen. Durch Vernetzung und die Erfahrung, dass die Geschichten Einzelner bedeutsam und weiß Gott keine Einzelfälle sind, kann dieses Buch einen Beitrag dazu leisten, kirchenspezifische Muster heilloser Macht zu entlarven.

Nach den 50 Beiträgen der Autor*innen werden deren Erfahrungen mit missbräuchlicher Machtausübung analysiert, d. h. Ähnlichkeiten und Unterschiede von wiederkehrenden Machtstrukturen, kirchenspezifischen Machtmechanismen, kirchlich sozialisierten Verhaltensdispositionen u. v. a. m. systematisch aufgezeigt. Ursachen für missbräuchliche Machtausübung, die in den Bereichen institutionelle Rahmenbedingungen, Ämterstruktur, Hierarchie, Glaubens- und Sittenlehre, theologische Legitimation von Macht, spirituelle Überhöhung der geistlichen Führungskräfte, fehlende Verwaltungsgerichtsbarkeit und Gewaltenteilung oder auch Legitimationskonstruktionen für die eigene Rolle in Machtspielen etc. zu suchen sind, werden analysiert und benannt.

Die Motive der Autor*innen, am Sammelband mitzuschreiben, werden im auswertenden Teil (Kap. Analyse) zur Sprache kommen. Ebenso erhellend sind etliche Absagen, die zum Teil nach erfolgten verbindlichen Zusagen bei uns eingegangen sind, oft mit Begründungen, die uns trotz vieler Coachings, seelsorglicher Gespräche und Outplacements mit kirchlichen Mitarbeitenden in den letzten Jahren erneut bestürzt gemacht haben. Was einmal mehr gezeigt hat: Die Angst vor Sanktionen sitzt im kirchlichen Dienst auch heute noch unfassbar tief. Die O-Töne in diesem Abschnitt des Buches werden dabei für sich sprechen. Wir werten diese Entscheidungen nur insofern, als dass sie einen Rückschluss geben auf die Spielregeln der realexistierenden Kirche: Wer um jederzeit mögliche Willkür weiß, wer einige Kolleg*innen kennt, die unter Vorwand versetzt wurden oder denen eine bereits zugesagte Maßnahme nach der Beteiligung an der Aktion einer Reformbewegung ... – diese Beispiele ließen sich beliebig ergänzen – verwehrt wurde, der richtet sein Verhalten danach aus. Denn Macht „macht etwas" mit Menschen, nicht nur unmittelbar. Sondern eine willkürlich eingesetzte und nicht transparent gemachte Form von Machtmissbrauch torpediert das Wertesystem. Sie stellt all das in Frage, was bisher gut, verlässlich und bewältigbar war, befördert Inkongruenzen und macht im Letzten krank, und zwar an Leib und Seele.

Ebenso aufschlussreich war das Verhältnis der Mitwirkenden aus dem Hauptberuf und dem Ehrenamt. Während sich die Teilnehmenden aus dem kirchlichen Dienst anfänglich aus dem Kreis unserer Klient*innen, unserer eigenen sowie Netzwerke der Autor*innen rekrutierten, lag das Verhältnis der Haupt- gegenüber den Ehrenamtlichen schließlich bei 2/3 zu 1/3. Um damit ein Ergebnis bereits vorwegzunehmen, da es den Zuschnitt des Sammelbandes deutlich bestimmt hat: Ein entscheidender Unterschied zwischen allen Befragten besteht in der – bis auf Ausnahmen – differenten Wahrnehmung des Themas „Kirche als Raum der Angst". Ehrenamtliche können sich offensichtlich in den meisten Fällen ihr positives Bild von der Kirche erhalten, das sich in den Kindheits- und Jugendjahren stark ausgeprägt hat (vgl. Beiträge 1 und 2). Bei wiederholten Enttäuschungen ziehen sie sich schlichtweg zurück. Demgegenüber haben alle beteiligten Autor*innen, gleichgültig ob haupt- oder ehrenamtlich tätig, die Kirche auch als einen Raum der Willkür und Demütigung erfahren. Das Frappierende daran ist, dass es unter ihnen die Hauptamtlichen sind, die den Ehrenamtlichen gegenüber ein positives Bild aufrechterhalten sollen. Diese Erwartung wird von den eigenen Erfahrungen mit Macht und Ohnmacht oft konterkariert – was im Letzten bedeutet: Die, die dazu beauftragt sind, die „Frohe Botschaft" auch froh und überzeugt zu verkünden, haben eine einfühlsame Seelsorge oft nötiger als die, für die sie den Dienst tun. Dieser Befund mag dazu beitragen, als ehrenamtlich Tätige dafür sensibel zu werden, wo kirchliche Mitarbeitende missbräuchliche Machtausübung erfahren haben, diese in aller Regel mit sich selbst ausmachen, aufgrund dieser aber vielleicht so handeln, wie sie es gerade tun. Der Anbruch des „Reiches Gottes" wird dann darin erfahrbar, dass sie sich mit den Opfern von Machtmissbrauch gegen die Täter in Amt und Würden solidarisieren und für sie einstehen – deutlich und, wenn es sein muss, lautstark wie Jesus bei der Vertreibung der Händler aus dem Tempel.

Die Leser*innen werden einige Beiträge namentlich gekennzeichnet vorfinden, die meisten anonymisiert. Darin sehen wir eine starke Symbolik. Die Botschaft in Richtung der Kirche und ihrer Verantwortlichen lautet: Obwohl wir uns trauen, trauen wir euch (noch immer) nicht (bzw. fast alles zu)! Lediglich 1/5 aller Autor*innen schreibt unter ihrem Klarnamen!

Die meisten Beiträge waren von mehreren Gesprächen mit den Autor*innen flankiert. Dabei schockierte uns das

Dramatische, Toxische, Ver- und Zerstörende, Menschen- und Lebensverachtende des inmitten der Kirche Erlebten immer wieder aufs Neue. In den Beschreibungen hielten wir uns an einen Grundsatz aus der Arbeit im Kontext sexualisierter Gewalt: Was berichtet wird oder nach traumatisierenden Erlebnissen überhaupt berichtet werden kann, hat zunächst den Anspruch, geglaubt zu werden. Die im Folgenden versammelten Beiträge verstehen sich insofern als subjektive Zeugnisse missbräuchlicher und willkürlicher Macht im kirchlichen Dienst. Sie beanspruchen keine detailgetreue, faktische Wiedergabe der geschilderten Situationen, sondern sind von einem persönlichen, narrativen Stil geprägt. Die Autor*innen verbindet die Haltung, dass unheilvolle und unhaltbare Zustände, die im Widerspruch zum biblischen Zeugnis und christlichen Menschenbild stehen, endlich angesprochen werden müssen. Im besten Fall sind sie und ihre systemischen Ursachen noch veränderbar. Zum Wohl aller, die in der Kirche ihren Dienst tun, und derer, für den sie ihn verrichten.

Wir danken allen Beteiligten für ihre Courage, an diesem Sammelband mitzuschreiben. Die O-Töne, die das Kapitel Analyse exemplarisch rahmen, sprechen dabei für sich. Und deuten an, dass so mancher Weg bis zum fertigen Beitrag ein innerer Prozess war, eine erneute Auseinandersetzung mit einem jahre-, oft jahrzehntelangen Verwundetsein. Nicht selten waren diese neuerlichen Annäherungen schmerzhaft, doch ebenso befreit und dankbar waren die Autor*innen dann auch für diese Möglichkeit der schreibenden Bearbeitung in diesem Verbund aus 50 Anderen. Denn im Gegensatz zu vertraulichen Einzelcoachings zeichnet sich diese Bündelung von Zeugnissen dadurch aus, dass bereits durch den Ansatz des Sammelbandes eine Strategie des kirchlichen Machtmissbrauchs konterkariert wird: die Isolierung Einzelner und das ihnen – oft subtil, zuweilen auch ausgesprochen – vermittelte Gefühl, dass man so etwas wie mit ihnen wirklich noch nie erlebt habe. Kirchliche Mitarbeitende wurden in solchen Beispielen wiederholt als „schwierig" beurteilt. Sie haben auch erlebt, dass sich ein Chef über das Wesen und die Persönlichkeit eines Menschen ein solches Urteil erlaubt, weil er selbst nicht befähigt ist, in schwierigen Situationen angemessen und mit Anstand zu führen. Und sie mussten erfahren, dass sie sich mit diesem Gefühl des Kleingemachtwerdens nicht gegenüber anderen Kolleg*innen im kirchlichen Dienst anvertrauen konnten. Damit stehen sie freilich auch in der Gefahr, diese ihnen insinuierte vermeintliche Charaktereigenschaft unbewusst zu verinnerlichen. Worauf am Beispiel dieser Strategie bereits im Vorfeld aufmerksam gemacht werden soll: Die entsprechenden Verursacher sitzen in aller Regel heute noch in Amt und Würden. Dort entziehen sie sich ihrer Letztverantwortung. Dasselbe Muster ist seit Jahren in der Aufarbeitung von Strukturen im Kontext sexualisierter Gewalt bekannt. Bei aller Unterschiedlichkeit in den Dimensionen lässt sich jedoch eine gemeinsame „Werte"-basis im kirchlichen Leadership ausmachen, die einen wie auch immer gearteten Machtmissbrauch zulässt, billigt, schützt und in etlichen Fällen gar gutheißt. Deshalb soll im Abspann (Kap. „Leadership", S. 211 ff.) die Reflexion zu einer dienenden Führungs- und Unternehmenskultur im Geiste Jesu den Band beschließen. Wir hoffen, dass dieser Band dazu beitragen kann, dem systemischen Problem von „Ohnmacht, Macht und Missbrauch" (Sautermeister/Odenthal, 2021) ein Stück weiter auf die Spur zu kommen und es auch wissenschaftlich weiter zu untersuchen.

Die Autor*innen dieses Sammelbandes stammen aus dem deutschen Sprachgebiet, wobei diese Zusammenstellung durch den Kontext Coaching und Beratung sowie weitere Netzwerke zustande kam und folglich keine empirische Aussage über die topografische Verbreitung von missbräuchlichen Machterfahrungen treffen will bzw.

„… aufmerksam für das, was sich zwischen Himmel und Erde ereignet.“

Michael Seewald
Theologe, Münster

- „Christ in der Gegenwart“ fördert den Dialog über ein modernes Christsein in einer modernen Welt.
- Für alle, die ihren Glauben zeitgemäß leben, in ihrer Spiritualität wachsen und als Christ in der Gegenwart Kirche und Welt selbstbewusst gestalten möchten.
- Wöchentlich acht Seiten, monatlich mit einem Bildteil.

Wochenzeitschrift
für Religion, Kultur,
Kirche und Gesellschaft
30
24. Juli 2022
74. Jahrgang
www.cig.de
Christ
in der Gegenwart
GEGEN MISSBRAUCH
Den Gott des Dornbuschs wiederentdecken → 3
In der Hoffnung festmachen
EDITORIAL
Der Aufreger
ABRAHAM VERHANDELT MIT GOTT (GEN 18,20–32)
Zehn Gerechte
Warum Sodom Teil dieser Welt ist – bis heute.
STEPHAN LANGER
ANDREA PICHLMEIER
4 WOCHEN
KOSTENLOS
TESTEN

kann. Zwar waren in etlichen Fällen keine Verbindungen zwischen den Kirchenbezirken erkennbar. Dennoch war das in den Berichten unabhängig voneinander Geschilderte so ähnlich, dass wir uns schon fragten, ob und wo diese Führungskräfte denn ihre gemeinsamen Führungsseminare absolviert haben. Das Phänomen, dass dieselben Muster eben ohne solche Schulungen angewandt und (aus-)gelebt werden, lässt nur den Schluss zu, dass ihre Ermöglichungsbedingungen in der Struktur, im Amt und eben auch im fehlenden Korrektiv des klerikalen Amtes zu suchen – und zu finden – sind. Alles weitere, wie persönliche Neigungen zum Missbrauch etc., tritt erst noch als persönliche Ergänzung hinzu.

Insofern verstehen sich die mutigen Zeugnisse der beteiligten Autorinnen und Autoren auch nicht als Angriffe oder Versuche der Abrechnung mit einzelnen Vorgesetzten. Es ist vielmehr auch hier die systemische Ebene, die sie im Blick haben – und die dringend zu reformieren ist, will sich die Kirche auch weiterhin als das vermarkten, was sie vom Selbstverständnis her ist: „Zeichen und Werkzeug für die innigste Verbindung mit Gott" (Lumen Gentium 1). In den hier zu Wort kommenden Fallbeispielen haben die Vertreter der Kirche, die allerdings vom System auch nicht gebremst wurden, dies nicht erfüllt. Denn eines ist deutlich geworden: Von Angstfreiheit im kirchlichen Dienst und in der Kirche kann bis dato nicht die Rede sein!

*Pfingsten 2022, die Herausgeber*in*

„Im Anfang war das Wort …" – Bestürzende Zeugnisse heilloser Macht

Im Folgenden soll zunächst allen Beiträgen dieses Bandes ein breiter Raum gegeben werden. Unter den Viten werden sich mehr Namen finden als hier unter den Texten selbst. Dieser Umstand ist auf die Ambivalenz zwischen dem starken Motiv, sich zu Wort melden zu wollen, und dem Wissen um die potenzielle Willkür des Systems und seiner Verantwortlichen zurückzuführen.

Die Gliederung der Autor*innen-Beiträge in die vier Kategorien (Gestaltungsfähigkeit, -wille, Aufgaben und Ziele) dient nicht nur der besseren Lesbarkeit, sondern unterstützt eine erste Annäherung an die aufzuspürenden Muster von Machtmissbrauch. Im anschließenden Kapitel soll diese Struktur näher erklärt werden.

Ungeschriebene Beiträge: unerwartet kraftvolle Aussagen zum Machtmissbrauch

Mit Jahresbeginn 2022 wurden ca. 500 Katholik*innen – Kleriker, Ordensleute, haupt- und ehrenamtliche Mitarbeiter*innen sowie „normale" Kirchgänger und „Christmetten-Katholik*innen" – aus dem Umfeld der Herausgeber*in mit der Anfrage kontaktiert, einen Bericht über eigene Erfahrungen mit Machtmissbrauch in der katholischen Kirche zu verfassen. Das Projekt war vom Engagement getragen, Menschen zusammenzubringen, die ihre Negativerfahrungen mit der Kirche nicht länger für sich behalten wollen. Denn die Frage von Macht und Machtmissbrauch in der katholischen Kirche ist seit über zwei Jahrzehnten im Fokus der Öffentlichkeit und wird immer wieder von verschiedenen Gruppen thematisiert. Unabhängig davon häuften sich in Coachings und in seelsorglichen Begleitungen die Berichte kirchlicher Mitarbeitender über Spiele der Macht und Spiele mit der Angst. Diesem Phänomen soll hier ein breiter Raum gegeben werden, indem die Autor*innen dazu eingeladen wurden, in einer kurzen Erzählung ihr eindrücklichstes persönliches Erlebnis mit Macht und Ohnmacht, Angst und Isoliertheit in der katholischen Kirche niederzuschreiben. Als Ziel wurde formuliert, kirchliches Führungsverhalten kritisch zu hinterfragen, vergleichbare Muster an ganz verschiedenen Orten der Kirche aufzuzeigen und durch das couragierte Zeugnis vieler die Kirche zunehmend zu einem angstfreien Raum zu entwickeln.

Wie viele Menschen von der Initiative der Herausgeber*in über gemeinsame Kontakte informiert wurden, lässt sich nicht genau feststellen. Überrascht wurden die Initiatoren aber von zahlreichen Kontaktaufnahmen von ihnen bis dahin Unbekannten. Das verdeutlicht, wie aktuell das Thema ist: Angst und Willkür auf der einen Seite geht mit dem stark gestiegenen Drang nach Selbstbestimmung und Selbstermächtigung in einem nicht demokratisch strukturierten System einher. Es wird deutlich, wie wenig diese Dynamiken noch aufzuhalten sind. Und gleichzeitig, wie gelähmt, ja sklerotisch der Apparat der Macht darauf reagiert. Zwischen diesen beiden Polen befindet sich eine breite Masse, die bis heute (noch) schweigt – aus demselben Motiv, das #OutInChurch entlarvt hat: aus Angst.

Von den angesprochenen Katholik*innen haben sich letztlich zehn Prozent am Projekt „Heillose Macht“ beteiligt. Neben diesen im Folgenden abgedruckten Beiträgen gingen ca. 100 schriftliche Reaktionen und deutlich mehr mündliche ein. Deshalb soll diese exemplarische Zusammenstellung den Textteil eröffnen: Stellvertretend und symbolisch für alle Erfahrungen, die (noch) nicht mit in der Sammlung dabei sein konnten oder für die die Betroffenen noch keine Worte fanden. Damit sollen die 50 Beiträge mit Zitaten aus den schriftlichen Absagen eröffnet werden. In diesen zeigt sich schon deutlich ein Empfinden vom Problem im Umgang mit Macht in der katholischen Kirche.

1 Reaktionen „einfacher" Katholiken

Positive Erfahrungen in der Kirche (ausschließlich „einfache" Katholiken und Ehrenamtliche)

„… Sie wissen doch, dass ich keine schlechten Erfahrungen mit der Kirche gemacht habe. Im Gegenteil! …"
„… ich persönlich habe in der Kirche viele positive Bekanntschaften gemacht …"
„… leider kann ich Ihnen jedoch nicht mit eigenen Erfahrungen bzw. Erlebnissen dienen, so dass ich leider keinen Bericht beitragen kann …"
„… danke, dass Sie an mich gedacht haben. Leider fällt mir aber kein Erlebnis oder eine Situation ein, die ich unter diesem Thema beisteuern kann …"
„… vielen Dank für die Information. Ich begrüße Ihr Engagement und Ihr Projekt und unterstütze es gerne. Allerdings habe ich – Gott sei Dank – keine eigenen Erfahrungen einzubringen …"
„… Das klingt nach einer guten und wichtigen Initiative. Geschichten, die erzählt und gehört werden sollten. Ich habe mich mit Ihrem Vorhaben auseinandergesetzt, fürchte allerdings, dass ich nichts Substantielles dazu beitragen kann …"

„… Allgemeine Klagen über klerikale Betonköpfigkeit und pfarramtliche Bürokratie – in der übrigens auch die hauptamtlichen Laien brillieren – sind zwar in der Sache gerechtfertigt und durch viele Beispiele belegbar, dienen aber nicht Ihrem Projekt …“
„… Ich habe mich noch nie als Freund oder Kunde der Amtskirche erfahren, sondern sehe Kirche als einen mir gelegentlich tauglichen spirituell-visuellen Raum. Was sich in ihm abspielt, wer darin mitspielt, interessiert mich sehr im Einzelnen, aber nicht im Ganzen …“
„… Die katholische Kirche hat nur so viel Macht über mich, wie ich ihr einräume, und das ist immer weniger …“
„… Pfarrer waren eher unnahbare, seltsame Typen und für mich als Kind und Jugendlichem Respektpersonen. Aber getan haben sie mir nichts, außer der einen oder anderen Ohrfeige wegen ungebührlichem Verhalten in der Kirche oder beim Religionsunterricht! …“
„… Natürlich ist es als geschiedene und wiederverheiratete Person nicht einfach mit und in der Kirche, gleichwohl belastet es mich nicht …“
„… Grundsätzlich bin ich gerne bereit, mitzumachen. Und grundsätzlich möchte ich das mit meinem Namen tun. ‚Aber‘ – jetzt kommen meine Feigheiten …“
„… In meiner aktuellen privaten wie beruflichen Situation nehme ich so eine schwerwiegende Inhaltsebene nicht auf. Ich gehe derzeit für mich auf eine gesunde Distanz, ohne die Liebe zum guten Kern der Menschen unserer katholischen Kirche und zu Gott aufzugeben – sondern behutsam zu pflegen …“
„… Ich habe einige Zeit überlegt. Dabei bin ich zu dem Entschluss gekommen, dass ich mich nicht an Ihrer guten

Aktion beteiligen möchte. Mein wichtigster Grund ist, dass ich durch die Befassung mit diesem Thema viel zu aufgewühlt werde. Das will ich mir nicht antun, da ich täglich tief mit der Amtskirche hadere. Wenn man, wie ich, in dieser Organisation beheimatet war und jetzt ‚exkommuniziert' (ausgeschlossen) ist, hilft nur noch der eigene Glaube. Mit der Amtskirche bin ich fertig. Sie wird sich meiner Meinung nach auch nicht ändern. Auch wenn viele Menschen dieses so sehr wünschen …"

„… Ich finde Ihre Initiative sehr gut – für mich jedoch zu spät, da ich persönlich die Institution katholische Kirche bereits verlassen habe. Meine christliche Gesinnung und Haltung konnte ich mit den Machenschaften des Bodenpersonals nicht mehr vereinbaren …"

2 Reaktionen kirchlicher Mitarbeiter*innen

„… Bin dabei! Bis wann sollte ich liefern? …"

„… Machtmissbrauch ist ein großes Thema in den seelsorglichen Arbeitsbeziehungen von hauptamtlichen pastoralen Mitarbeitern. Ich denke darüber nach …"

„… Gerne denke ich darüber nach. Spontan sehe ich einen Konflikt zwischen der begrenzten Zeichenzahl und der Komplexität der möglicherweise zu schildernden Erfahrung …"

„… Bin dazu zu ängstlich. Tut mir sehr leid …"

„… In dieser Kirche habe ich gelernt, eher über Bande zu spielen. Direkt kann ich da nicht mitschreiben. Und anonym ist ja witzlos. Dann würden wir es ja nicht anders intransparent machen wie die Bischöfe …"

„… Ich bin völlig desillusioniert und habe einfach keine Kraft mehr, mittlerweile auch zu alt …"

„… Ich bin jetzt über 80, kann aber nicht mitschreiben, bin sehr emotional aufgeladen zurzeit aufgrund mehrerer Baustellen mit dieser Kirche, die ich gerne noch regeln will …“
„… Es tut mir leid, ich schaffe es nicht. Familie. Ich hätte es sehr, sehr gerne gemacht, aber mir fehlen gerade die Kräfte …“
„… Dass ich selbst etwas schreibe, ist ja leider aufgrund meiner Tätigkeit im Ordinariat und der damit verbundenen Schweigepflicht nicht möglich …“
„… Ich fürchte, meine frühere Tätigkeit am Ordinariat wäre einerseits gewiss eine Hilfe, ist aber umso nachhaltiger ein Hindernis zur Förderung Ihres Buchprojektes …“

Zwei herausstechende Beobachtungen sollen dem Analyseteil hiermit vorweggenommen werden [vgl. alle weiteren im Kap. „Analyse“, S. 185 ff.]:

- Eine der häufigsten Reaktionen aus dem Kreis kirchlicher Mitarbeiter*innen sind Aussagen wie die hier eingangs zitierte: Einem grundsätzlichen „Ja, ist wichtig“, verbunden mit dem Hinweis, es sich noch genauer überlegen zu müssen, folgte ein späteres „Aber …“ bzw. dann ein „Nein, leider“. Die regelmäßig wiederkehrende Begründung war die Angst vor Repressionen.
- Weniger häufig war ein Muster, das im Folgenden als Reaktion eines hauptberuflichen Seelsorgers zitiert und noch einige weitere Male mündlich als Begründung vorgebracht wurde: sich darüber im Klaren zu sein, als „Teil des Systems“ auch Anteil am „Tätersystem“ zu besitzen.

„Liebe Herausgeber,
was das Buch angeht, kommt von mir kein Beitrag. Die Fälle, die ich im Auge hatte, zeugen alle, dass es Widerstand und Unterstützung zugleich gab im selben System. Da ich selbst Teil des Systems bin, habe ich mir sicher auch Dinge zu eigen gemacht oder vertreten, die mir als Machtmissbrauch noch nicht bewusst sind. Vielleicht sitze ich, viel mehr als mir lieb ist, auf der Seite der Beklagten.
Viel Erfolg mit Ihrem Buch und einen guten Abschluss Ihrer Arbeit!“

I
Missbrauch durch Unfähigkeit zur Gestaltung

3 Sie haben da so eine Art

Wie stolz ich damals war, als ich an diese Schule kam. Seit Generationen hatte sie einen unschlagbaren Ruf. Man hatte es immer wieder geschafft, Tradition mit Innovation zu verbinden. Ohne dabei elitär zu wirken. Während in den letzten Jahren an anderen Einrichtungen immer wieder üble Geschichten zu hören waren, kam auf uns nichts Größeres zu. Ich weiß nicht, wie ich es mir erklären soll, aber vielleicht lag es wirklich am Charisma des damaligen Gründers. Dieser Geist von A., ein ausgesprochen caritativer Priester, weht irgendwie bis heute durch die Flure dieses altehrwürdigen Klosterbaus und in den Köpfen aller hier Tätigen, der Eltern, Alumni und all derer, die sich in der Gemeinde und Politik für unsere Schule einsetzen.

Und so hatte ich mich damals auch wahnsinnig gefreut, als von Seiten der Elternschaft die Anfrage an mich herangetragen wurde, die Internatsleitung nach dem altersbedingten Ausscheiden von Pater B. zu übernehmen. Mit Feuer und Flamme begab ich mich in diese neue Aufgabe, was sollte auch schiefgehen? Doch nach kurzer Zeit folgte eine Störung auf die nächste. Ich kann heute nicht mehr sagen, was das Vertrauensverhältnis mehr verletzte. Im Rückblick hätte ich mir einfach nur gewünscht, dass er etwas gesagt hätte, also Jahre zuvor. Das lief so: Als ich mich auf die Anfrage des Elternbeirates und des Freundeskreises hin auf eine neue Stelle bewarb, merkte ich, dass irgendwas nicht stimmte. Mein Chef wollte irgendwas nicht rauslassen. Schaute nur so seltsam. Ich fragte, ob er mir die Position nicht zutraue. Er sah mich an. Dann meinte er: „Ganz ehrlich, ich weiß nicht, sie haben da so eine persönliche Art, insbesondere im Umgang mit Jugendlichen und jungen Frauen …“ Ich war wie vor den Kopf geschlagen. Wo doch jede pädagogische Assistentin wusste, wie sehr er unter dem Zölibat litt und Frauen schnitt. Was sollte das jetzt? Und dann kam das: Er holte doch tatsächlich ein – so nannte er es – ‚Protokoll' heraus, meinte, sich „damals ja ein bisschen was aufgeschrieben" zu haben. Und schilderte eine Geschichte, die (ich war jetzt acht Jahre als Heimerzieher im Haus) mindestens sechs Jahre zurücklag. Frau C. habe damals vor ihm geweint, weil ich so „unsensibel" zu ihr gewesen sei und er habe damals „schon wirklich sehr vermittelnd auf sie einwirken müssen", damit sie damit nicht weitergehe und mich beim Träger anschwärze. Ich kann wirklich nicht sagen, was schlimmer war: an etwas erinnert zu werden, was in meinen ersten Jahren lag und was längst (direkt mit der Kollegin) geklärt war, oder eine Person aus einem Schmierzettel heranzuziehen und (mit Namensnennung und ohne, dass diejenige davon wusste) zu instrumentalisieren. Zusätzlich war die Geschichte reichlich ausgeschmückt, auch falsch. Es ekelte mich, er ekelte mich. Ich war erst sprachlos, dann raffte ich mich zusammen und sagte, dass ich das jetzt schon ein wenig eigenartig fände. Und warum er damals nichts … Er unterbrach mich schroff und meinte: „Ich habe damals alles getan und Sie geschützt und Sie wissen es nicht zu schätzen …" Worum ging es hier eigentlich? Es ging damals um ein Gespräch und zwei verschiedene Meinungen, mehr war nicht mit der Kollegin. Ich müsse doch verstehen, dass er nichts sagen konnte. Schließlich sei er nicht nur der Chef hier, sondern immer noch Priester – und als solcher unterliege er der Schweigepflicht. Er verbiete sich, dass ich sein Verhalten infrage stelle, man sei hier „schon immer auf diese Weise mit delikaten Situationen und übrigens auch schwierigen Personen" umgegangen, das sei „völlig normal". Wenn ich das nicht einsehen wolle, sei ich an dieser Stelle wirklich fehl am Platz. Er allein schließlich trage die Gesamtverantwortung für dieses traditionsreiche Haus.

Ich war wie vor den Kopf gestoßen, konnte auch nicht mehr sprechen in diesem Moment. Und als ich es versuchte, bekam ich nichts mehr heraus, meine Kehle war wie zugeschnürt, ich begann zu stottern. Er hatte seinen Triumpf, ich saß da wie ein kleines dummes Kind vor dem übermächtigen Vater. In dieser Situation war ich nur froh, irgendwann gehen zu können. Erlöst war ich aber nicht, vorbei war es nicht. Doch man gab mir keine Möglichkeit der weiteren Klärung mehr. Auf mehrere E-Mails mit meiner Bitte um einen klärenden Termin antwortete mein Chef erst gar nicht. Und als ich ihn nach Wochen einmal auf dem Flur darauf ansprach, meinte er bestimmt: „Ich kann Ihnen in der nächsten Zeit leider keine Gesprächstermine anbieten." Damit blieb alles in der Schwebe. Ich konnte weder seinen Vorwurf abwehren noch seine Übergriffigkeit thematisieren. Und mein Chef schien zur Normalität übergegangen zu sein. In mir aber brodelte es: Was hat er damit bezwecken wollen? Will er mich wieder aus der Stelle rausdrängen? Welche Konsequenzen sollte das Gespräch für mich haben? Es blieb alles offen. Und diese Offenheit setzte mir zu, ließ mich sehr angespannt und fahriger werden, so dass ich bald auf der neuen Stelle selber nicht mehr zufrieden war. Nach einem längeren Coaching kündigte ich.

Was mich am Ende dann wirklich schockierte, war das Abschlussgespräch mit meinem Chef. Ich musste neben der Planung meines Abschieds auf die damalige Situation zu sprechen kommen, denn es war mir eine innere Not-Wendigkeit. Um hier einen guten Absprung zu bekommen. Doch ich hätte nicht fragen sollen. Wie es mir dabei ging, das wäre das eigentliche Thema gewesen. Doch ich wollte ihn ja auch verstehen. Und so fragte ich. Was ich zu hören bekam, war dies: „Nun, Sie wollten mich damals einfach nicht verstehen … sodass ich da ein wenig persönlicher werden musste … Ich habe die Zügel ein wenig angezogen, das weiß ich. Und das hat mir – wissen Sie, vor allem natürlich auch als Priester – weiß Gott Bauchweh verursacht. Nein, es ging auch mir nicht gut damit. Aber ich denke, es war wichtig … auch, dass Sie einen guten Weg für sich finden." Ich fand keine Worte mehr. Auch hinsichtlich meines Abschieds (der sehr bescheiden ausfiel und zu dem ich keinerlei eigene Vorstellungen einbringen durfte) zeigte er sich als Meister der Verdrehung: „Hier …, habe ich gedacht, könnte Ihr Dank stehen, an den Träger, die Eltern, ja auch mich?!" Und er schaffte es, mich vollkommen ohne Dank zu verabschieden. Hätte ich diesen nicht reichlich von Eltern bekommen, ich wäre wohl an Ort und Stelle noch zusammengebrochen (das kam dann später).

Anonym

4 Begegnungen mit der Macht – eine Erzählung über das „Ausgeliefertsein" oder vielleicht auch über die Klügeren, die nachgeben

Das sind wir, eine Gemeindereferentin mit jahrzehntelanger Berufserfahrung und ihr Ehemann, der sich von Kindesbeinen an in Kirche engagiert hat und sehr mit der Kirche verbunden ist.

Nach vielen Jahren fühlten wir uns in unserer Lebenslage nicht mehr so richtig wohl und so wuchs für uns beide die Sehnsucht nach Veränderung. Eine neue Stelle für die Ehefrau und Gemeindereferentin, ein neuer Arbeitsplatz für den Ehemann und ein Wohnort mit Perspektive für die gemeinsame Zukunft sollten es werden. Das alles möglichst in einer lebendigen Gemeinde – politisch wie kirchlich –, denn Mitmachen war unser Ziel.

Bei der Suche nach einer geeigneten Stelle rückte eine Ausschreibung in den Blick, die die Erinnerung an eine frühere Begegnung mit dem dortigen leitenden Pfarrer in den Sinn kommen ließ. Das hat damals super gepasst. Die Gemeindereferentin hat bei diesem Pfarrer herausragende Praktikumserfahrungen gesammelt – das könnte eine Perspektive sein.

Gedacht – gesagt – getan. Die Gemeindereferentin nahm Kontakt auf und es war für sie gleich wieder wie damals: Es fanden gute Telefonate und parallel dazu ein ausführlicher Briefwechsel statt. Auch beim ersten persönlichen Interessentengespräch zwischen uns als Ehepaar und dem Pfarrer hat er uns quasi das Blaue vom Himmel herunter versprochen: ideale Arbeitsbedingungen, „lebbares Arbeitspensum", lebendige Gemeinden und auch seine tatkräftige Unterstützung für den arbeitssuchenden Ehemann. Alles schien so leicht und entsprach voll unserer Sehnsucht.

Der Pfarrer hat sich als liberaler, auf Augenhöhe agierender Vorgesetzter und als guter Gesprächspartner gegeben. Alles in allem eine gut klingende Perspektive. Wir haben ihm unsere Not offen gezeigt und seine umfangreichen Versprechungen trafen genau auf unsere Bedürftigkeit. Wir wollten einfach glauben, was er uns versprach. Er sprach uns Mut zu, er wandte sich uns verständnisvoll, ja geradezu fürsorglich zu und das tat uns so gut! Er gab den vertrauensvollen Seelsorger, den wir so lange vermisst hatten. Ja, wir hatten sehr großes Vertrauen zu diesem Priester unserer Kirche. Wir hatten wohl endlich jemanden gefunden, der mit uns die nicht ganz leichten Päckchen auf unseren Schultern mittragen würde und uns Begleitung und Unterstützung in vielerlei Hinsicht anbot. Das hatte zur Folge, dass wir alles auf eine Karte setzten: Wohnhaus verkaufen, Arbeit des Ehemanns aufgeben, soziales Umfeld verlassen und 150 km entfernt ein neues Wohnhaus suchen und mit Sack und Pack umziehen. Sogar dem Immobilienmakler der Bank schrieb der Pfarrer einen Brief, um sicherzustellen, dass wir das für uns in Frage kommende Wohnhaus auch auf alle Fälle bekommen sollten – unser neues Zuhause!

Die Ehefrau wurde also am neuen Ort als Gemeindereferentin eingesetzt – der Ehemann war zunächst „Hausmann“ und alles schien gut. Zu Beginn erwartete uns ein „rauschendes Begrüßungsfest“ mit Gottesdienst, Geschenkkörben, Reden, Vorschusslorbeeren für die künftige Gemeindereferentin und Mittagessen, zu dem neben Gemeindegliedern auch unsere Familie, Freunde und Bekannten eingeladen waren.

Mit dem offiziellen Dienstbeginn wenige Tage später wendete sich das Blatt! Die Kommunikation mit dem Pfarrer war von diesem Tag an fast nur noch in schriftlicher Form möglich. Er verfasste handschriftliche Anweisungen per Brief an die neue Mitarbeiterin, oft mehrere an einem Tag. Es gab keinerlei Einführung in die Gemeinden und es war nicht möglich, eine persönliche Gesprächs- und Vertrauensbeziehung aufzubauen. Eine Arbeit im Team gab es nicht! Trotz der jahrelangen Berufserfahrung war der Start als Gemeindereferentin in den vielen Gemeinden unglaublich zäh und mühsam. Auch die versprochene Unterstützung bei der Arbeitssuche für den Ehemann blieb komplett aus. Der Pfarrer fragte nicht einmal nach, sondern ließ uns eine eisige Distanz und sein Desinteresse an unserer schwierigen Situation immer wieder spüren.

Da der Pfarrer schon viele Jahre an dieser Stelle arbeitet, hat er sich ein Netzwerk geschaffen, in dem er willkürlich agiert. Er ist der alleinige Ermöglicher oder Verhinderer. Die Verantwortlichen in den Gemeinden handeln angstvoll und folgen gehorsam seinen Ideen und Vorgaben. In den Gemeinden gibt es eigentlich keine Mitsprache oder oppositionelle Meinungen mehr.

Selbst der Versuch, im vorauseilenden Gehorsam zu agieren, um es dem Pfarrer möglichst recht zu machen, brachte der Gemeindereferentin keine Verbesserung – im Gegenteil. Der subtile Arbeitsdruck wurde immer schlimmer, ebenso die klare Missachtung uns gegenüber.

Das ging einige Jahre so weiter. Das eigene Haus, ein ansatzweise neu entstandenes soziales Umfeld und auch die inzwischen angetretene Arbeitsstelle des Ehemanns machten einen erneuten Stellenwechsel schwer vorstellbar.

In diese Lage hinein entstand ein größerer Konflikt mit dem Pfarrer. Die zuständige Stelle im Bischöflichen Ordinariat, an die sich die Gemeindereferentin ordnungsgemäß wandte, ermutigte sie, standhaft zu bleiben und den Konflikt auszutragen. Der Eskalation des Konfliktes folgten seitens des Pfarrers etliche Drohungen, Mobbing, Demütigungen und Einschüchterungsversuche. Die Personalabteilung versprach immer wieder Hilfe und Schutz, aber der übermächtige Diözesanbischof hielt seine schützende Hand über den Pfarrer und bescheinigte ihm obendrein eine tadellose pastorale Arbeit vor Ort. So waren selbst die Mitarbeitenden im Ordinariat machtlos. Der Pfarrer verweigerte sich jeglichem, auch durch den Personalreferenten der Diözese angeordneten Gespräch, Supervision und auch allen Versuchen von Seiten der Personalabteilung, den Konflikt zu lösen.

Viele Gemeindeglieder oder Verantwortliche vor Ort kannten nur die Darstellung des Pfarrers, der auch in den kirchlichen Mitteilungsblättern die vollständige Deutungshoheit für sich beanspruchte. Kaum jemand wagte hier, dieses „heiße Eisen“ anzupacken und bei der Gemeindereferentin genauer nachzufragen, um ihre Sicht auf die Dinge zu erfahren. Die solidarischen Pfarrgemeinderät*innen, die zu einer konstruktiven Konfliktlösung beitragen wollten, wurden vom Bischof persönlich angerufen und am Telefon in ihre Schranken gewiesen. Auch der Ehemann wandte sich mehrfach direkt an den Bischof – er erhielt auf mehrere persönliche Briefe keine Antwort – schließlich resigniert er.

Und am Ende? Blieb nach einer vom Ordinariat ermöglichten Auszeit für die Gemeindereferentin nur ein sofortiger Stellenwechsel in eine benachbarte Seelsorgeeinheit. Der Rest ist Schweigen!

Im Rückblick besteht für uns der Machtmissbrauch in folgenden Erfahrungen:

Der Pfarrer hat die alleinige Deutungshoheit bezogen auf die Stellenbeschreibung und die angeblichen Möglichkeiten, die die Stelle der Gemeindereferentin bieten soll. Er macht bei der Bewerbung völlig falsche Versprechungen und lügt uns an.

Der Pfarrer lässt keinerlei Raum für neue Ideen – nur seine Ideen sind gut; nur seine Planungen werden umgesetzt; nur er beurteilt, was gut oder schlecht für die Gemeinde ist.

Das Wohlergehen der Gemeindereferentin und ihres Mannes an der neuen Stelle und in der neuen Umgebung ist dem Pfarrer völlig egal. Er zeigt keinerlei Empathie und Interesse. Es gibt kein persönliches Wort.

Das Bistum ermuntert die Gemeindereferentin und ihren Mann, den entstandenen Konflikt mit dem Pfarrer zu führen. Die Mitarbeiterin des Ordinariates verspricht sich einzusetzen, zu beschützen und kann am Ende nichts ausrichten, weil der Bischof nicht bereit ist, seinerseits überhaupt tätig zu werden.

Anonym

5 Die Summe macht's

Seit mehr als 30 Jahren arbeite ich nun in der Seelsorge. Mit vielen MitarbeiterInnen bin ich durch diese Zeit gegangen. Mal war es leichter, mal schwerer.

Einfluss darauf nehmen, ist nur sehr begrenzt möglich! Es gibt weder ein Mitspracherecht bei der Neubesetzung einer Stelle, noch scheint es eine Überlegung zu geben, ob denn diese zwei oder mehr Personen als Team überhaupt funktionieren können. Es ist wohl reine Glückssache! Vielleicht denkt man in den Bistumsleitungen: Als Christen müsse man immer harmonieren …? Dazu muss ich dann sagen: Bei aller Mühe – das ist nicht so!

Von einem Beispiel möchte ich erzählen. Nachdem ich ca. zehn Jahre wirklich großes Glück hatte und in einem wunderbaren Team mit Pfarrer und Kooperator arbeiten durfte (dieses Team trug diese Bezeichnung zu Recht!), kam ich in eine neue Situation, in der ich offensichtlich als Konkurrenz wahrgenommen wurde.

Nichts von dem, was ich vorher tat, weil es meinen Begabungen entspricht, durfte ich noch im Rahmen einer Heiligen Messe einbringen. Als ausgebildete Altistin z. B. war mein Dienst als Kantorin für viele eine Freude. Seit der neue Pfarrer in unsere Pfarreien kam – war mein Dienst unerwünscht; wie eigentlich jeder Dienst meinerseits unerwünscht war, wollte ich ihn da einbringen, wo er Dienst tat.

Eine Begebenheit werde ich nie vergessen. Es war ein oder zwei Jahre nach seiner Ankunft. Die älteren Ministranten waren gegangen, die jüngeren Kinder noch unerfahren und eher wenige. Kurz vor Fronleichnam erzählte und klagte der Pfarrer überall unter heftigen Beschwerden, dass er ohne Ministranten Fronleichnam feiern solle. Am Tag vor Fronleichnam hörte ich an verschiedenen Stellen von seinen Klagen. Um den kleinen Ministranten zu helfen und die Prozession, die vor Ort immer noch ein großes Ereignis ist, nicht scheitern zu lassen, bot ich mich an, als Ministrantin mitzugehen. Gerne tat ich das nicht, denn ich bin keine Ministrantin. Früher durfte ich keine sein und heute bin ich aus diesen Schuhen herausgewachsen. Aber ich hätte sie angezogen für die Kinder, den Ort und die Prozession mit dem Heiland. Als ich dem Pfarrer anbot, als Ministrantin mitzugehen, bekam ich zur Antwort: „Ich brauche deine Hilfe nicht!" Ich ging! Fronleichnam war für mich vorbei!

Es sind die vielen kleinen und großen Situationen, in denen man es auch noch so gut meinen kann, in denen man keine Chance hat. Völlig gleichgültig, ob man etwas besser könnte, wüsste, oder ob man helfen möchte: Wenn der Pfarrer nicht will, will er nicht! Da kann er noch so überfordert sein mit der Leitungsaufgabe oder als Seelsorger; er ist der Chef qua Amt! Selbst wenn alles zerbricht, was eine Pfarrei einmal war – es ist egal, er ist der Chef und Punkt.

Und es gibt nirgendwo eine Stelle, an der man darüber sprechen könnte. Nirgendwo gibt es Hilfe, um eine Pfarrei zu retten. Die Konsequenz daraus ist: Alle, die sich wirklich engagiert und mit ihrem Glauben auseinandergesetzt haben, sind gegangen. Der Zustand – unerträglich!

Das Schlimmste daran ist für mich; ich beobachte diese Eifersucht und das Zerstören, Blockieren, die Unaufrichtigkeit, die Bequemlichkeit und den Drang zur Selbstdarstellung ... Andernorts ist sexueller Missbrauch Thema oder andere Formen von Gewalt, Veruntreuung von Geldern ... Die Liste ist lang!

Mir drängt sich unweigerlich der Gedanke auf: Diese Männer sind es, die mir von dieser Botschaft erzählt haben! Männer, die lügen und betrügen, die ausnutzen und sich selbst feiern statt den, den sie „angeblich" verkündigen!

Seit Jahrhunderten solche Männer ... Kann ich ihnen überhaupt noch irgendetwas glauben? Kann ich noch glauben?

Anonym

6 Der Macht und Ohnmacht geweiht

Ich habe sehr viele engagierte Christen, pastorale Mitarbeiter/innen, Priester und Bischöfe erleben können. Leider können aber einzelne Menschen die wertvollen aufbauenden Erfahrungen zerstören. Bei mir überwiegen die wertvollen Erfahrungen, aber ich habe auch einzelne kirchliche Funktionsträger erlebt, die auch mir seelische Verletzungen zugefügt haben. Zum Glück hatte ich immer Menschen um mich, die mich begleitet und gestützt haben, und mein Glaube an Gott war stark genug, die Verletzungen zu verarbeiten.

Als vom 2. Vatikanischen Konzil geprägter Theologe hatte ich immer eine entspannte Haltung zu Priestern und Bischöfen und viele wohlwollende respektvolle Begegnungen. Viele Jahre hatte ich allerdings ein- bis zweimal im Jahr Kontakt mit einem Priester, mit dem ich zusammen Gottesdienste vorbereitete. Als lernwilliger Berufsanfänger konnte ich seine herablassende Art zunächst noch hinnehmen, später wurde sie mir immer unerträglicher. Auch in späteren Jahren ließ er nie einen Zweifel daran aufkommen, wer der Chef ist, wer alles besser weiß: der Geweihte. Grundsätzlich wurde ich „niedergebügelt“, wir sprachen nie miteinander auf Augenhöhe. Unsere theologischen Biografien war gegensätzlich: Ich lernte von der Katholischen Soziallehre ergänzt durch die Lebendigkeit der Theologie der Befreiung, er verkörperte in jeder Hinsicht einen „Kirchenfürsten“.

Unsere gemeinsamen Gottesdienste hatten eher die Form „der Abnahme einer Prüfung“ als eines Festes von gemeinsam erlebtem Glauben. In der beklemmenden Stimmung bei der Vorbereitung und Durchführung der Gottesdienste fühlte ich mich eher ausgeliefert, immer leicht schuldig, nicht das alles vorzusehen, was erwartet wurde. Meine eigene theologische Kompetenz und Expertise waren offenbar nichts wert. Letztlich erlebte ich mich immer in einer anderen Welt und war froh, wenn die Sitzung zu Ende war.

Heute sage ich: weil dieser Priester in voller Überzeugung einer ontologisch begründeten Allwissenheit und alleinigen Kompetenz auftrat. Jahre später konnte ich erleben, wie kompliziert es wird, wenn diese Allmacht öffentlichkeitswirksam in Frage gestellt wird. Denn kritische Briefe über Priester, die diesem klerikalistischen (Schein-)Ideal nicht entsprachen, wurden zahlreich nach Rom geschickt, dort in manchen Institutionen des Vatikans postwendend als Belege für mangelnde „Rechtgläubigkeit“ von Ortsbischöfen gesammelt und bei Bedarf auch gegen die Bischöfe verwendet.

Bei einer diözesanen Gremiensitzung der Laien machte ein anwesender Theologieprofessor eine harmlose Bemerkung. Daraufhin griff der Ortsbischof ihn in einem heftigen Wutausbruch an, über den wir anderen im Raum erschrocken waren, weil wir ihn nicht verstanden: inhaltlich war der Wutausbruch mehr oder weniger anlasslos bzw. nicht nachvollziehbar, und ansonsten pflegten nach unserer Kenntnis der Professor und der Ortsbischof miteinander ein gutes Verhältnis. Wir zuckten alle zusammen, waren vor den Kopf gestoßen, während der Professor recht ungerührt darüber hinwegging.

Kurz darauf fand ich im Internet über die Seite von konservativen Christen eine Erklärung: Zuvor hatten, es war nicht das erste Mal, mehr als 100 TheologieprofessorInnen Kritik an vatikanischen „Aktionen“ geäußert und einen Reformkatalog veröffentlicht. Auf besagter Internetseite nun forderten die konservativen Gruppen die Gläubigen dazu auf, die Bischöfe anzuschreiben, in deren Bistum die im Internet aufgelisteten ProfessorInnen lehrten. Die Bischöfe sollten aufgefordert werden, gegen diese ProfessorInnen vorzugehen. Auch der Professor in unserer Gremiensitzung hatte diesen Aufruf unterzeichnet. Meine Schlussfolgerung: Solche Briefe hatte unser Ortsbischof zuhauf bekommen, und dieser Druck auf Bischöfe von überwiegend konservativen Laien hatte sich dann einmal in unserer Sitzung entladen.

Ich hatte hautnah erlebt, wie der Druck von konservativen Gruppen mit Unterstützung oder zumindest Billigung aus Teilen des Vatikans ein Klima erzeugt hatte, dem auch gestandene Bischöfe nicht standhielten, woraufhin sich der geballte Druck explosiv entladen konnte. Auch das: ein Ergebnis der Überzeugung von Menschen, die glauben, selbst im Besitz der alleinigen Wahrheit zu sein!

Anonym

7 Machtmissbrauch ermöglicht durch Schweigen und Ja-Sagen

Wir alle leben in Machtstrukturen: sei es in der Kirche, an einem weltlichen Arbeitsplatz oder auch in der Familie. Es gibt immer jemanden, der das Sagen, die Macht hat. Ich bin ein Fan von klaren Zuständigkeiten, weiß dann doch jede/r, wofür sie/er verantwortlich und zuständig ist und wofür eben nicht und wo ihr/sein Platz ist – das gibt meiner Meinung nach Sicherheit. Die Grenzen sind dabei fließend.

Problematisch wird es, wenn diese Macht innerhalb einer sozialen Beziehung missbräuchlich auch gegen Widerstreben anderer durchgesetzt wird oder wenn Menschen in besonders geschätzten Machtpositionen diese Macht ausnutzen, um ihre persönlichen Interessen durchzusetzen. Solche Machtpositionen haben Kleriker auf besondere Weise. Auch kirchenferne Menschen spüren, dass eine gewisse Faszination vom Papst, einigen Bischöfen, aber auch von einigen Pfarrern ausgeht.

Unterstützt wird die Gefahr einer missbräuchlichen Machtausübung, wenn Gläubige solche Würdenträger wie zum Beispiel Priester, Pfarrer, Bischöfe und den Papst auf einen unantastbaren Sockel stellen. Und wie äußert sich das? Es fängt im Kleinen an: Meine schmerzlichste Erfahrung war bei einem Abendlob, das ich geleitet und bei dem ich somit auch den Segen gesprochen habe. Damit war der Gottesdienst eigentlich zu Ende. Eine Frau sagte daraufhin: „Herr Pfarrer, können Sie bitte noch einen richtigen Segen sprechen?" Ohnmacht stieg in mir auf und Protest. Was sollte das? Ist ein Segen nicht ein Segen? Zum Glück haben wir einen mittlerweile für solche Situationen sensiblen Pfarrer, der diesem Wunsch nicht entsprochen hat. Andere hätten sich womöglich geschmeichelt gefühlt und dem Wunsch entsprochen. Ein anderes Beispiel: Bei der Kommunionausteilung gehen einige Gläubigen ausschließlich zum Priester – nicht aber zum Kommunionhelfer. Bei Wort-Gottes-Feiern, bei denen ja davon auszugehen ist, dass der Pfarrer nicht anwesend ist, ist die Beteiligung im Vergleich zu einer Heiligen Messe sehr stark reduziert. Wenn der Herr Pfarrer einen Vorschlag im Pfarrgemeinderat macht, dann finden viele diesen ganz großartig. Viele weitere Beispiele ließen sich finden. Für mich als Frau ist das Allerschlimmste: Es sind meistens Frauen, die dieses unterwürfige Verhalten zeigen. Und die gegenüber anderen

Frauen, die etwas gegen den Pfarrer sagen bzw. auch einen Anspruch auf Macht in der katholischen Kirche erheben, bissig reagieren.

Wozu führt aber das Auf-den-Sockel-Stellen? Es ermöglicht Machtmissbrauch. Solange es in unserer Kirche noch immer diese Priester-Zentrierung gibt, wird sich nichts ändern, denn dann fühlt sich der Pfarrer ja bestätigt in dem, was er tut, und kommt überhaupt nicht auf die Idee, dass er seine Macht missbraucht.

Solange wir also sogenannte „Würdenträger“ auf ein Podest stellen und ihnen alles durchgehen lassen, wird es in dieser Kirche Machtmissbrauch geben. Ich nehme in meiner Gemeinde jedoch wahr, dass viele Gläubige Missstände nicht mehr ansprechen, resignieren und sich zurückziehen. Ich frage mich, warum. Weil es anstrengend ist? Weil der Herr Pfarrer sowieso am längeren Hebel sitzt? Weil er sich sowieso nicht ändert? Manchmal bin ich ratlos und fühle mich allein …

Anonym

8 Unheilvolle Macht – zwischen Glücksspiel und Willkürherrschaft

Obwohl „gut katholisch“, haben sich sowohl mein Ex-Mann und ich als auch mein jetziger Mann und seine damalige Frau vor sieben Jahren nach vielen Jahren Ehe scheiden lassen: Nach über einem Jahr intensiver Eheberatung, Exerzitien und unzähligen Gesprächen mit Psychologen und systemischen Therapeuten hatten wir entschieden, den Kindern *nicht* vorleben zu wollen, bis ans Lebensende in einer gescheiterten Ehe zu verweilen. Vom Diakon gab es augenzwinkernd den Hinweis, dass es kirchenrechtlich ja deutlich sinnvoller sei, den Expartner zu ermorden und dies zu beichten – in diesem Fall sei Vergebung möglich …

Mein heutiger Mann und ich durften bzw. mussten nach der Trennung zwei komplett verschiedene Erfahrungen in unseren beiden Heimatpfarreien machen, die wir jeweils seit vielen Jahren aktiv mitgestaltet hatten:

Ganz Nachfolger eines Jesus von Nazareth, „Wer von euch ohne Sünde ist, werfe den ersten Stein!“ (Joh 8,7), gab es in der einen Gemeinde selbstverständlich das „Okay“, weiterhin als Lektorin und Firmbegleiterin ebenso wie in der Kirchenmusik tätig zu sein. Nach den Gottesdiensten und bei Gemeindefesten kamen teils Menschen, die ich kaum kannte, schlossen mich in die Arme, trösteten mich und erzählten eigene Geschichten. Und ich empfand Kirche als Heimat in schweren Zeiten – denn schwer ist eine Scheidung für alle Beteiligten, zumal wenn Kinder involviert sind.

In der zweiten Gemeinde gab es offenbar körbeweise Steine zu werfen: Mein Mann musste sein Amt als Pfarrgemeinderat für eine Weile ruhen lassen; er durfte zwar noch bis zur nächsten Wahl Mitglied bleiben, aber bitte nicht erneut kandidieren. Nach der Rückmeldung einer Frau aus der Gemeinde, dass sie aufstehen und vernehmlich gehen werde, wenn der Ehebrecher noch einmal singe, wurden auch Chor und Kantorendienst gestrichen. Unvergesslich jener Sonntag, an dem die jahrelangen Banknachbarn gefragt wurden, warum sie sich nicht wegsetzen, wenn er sich mit seinen Kindern am Papa-Wochenende dazusetzte.

Wohlgemerkt: Man kann nicht sagen, der Pfarrer hätte die Beseitigung meines Mannes aus allen Ehrenämtern und Aufgaben selbst betrieben. Es waren eher die „Besserkatholiken“, auf deren unterschwelliges oder auch offenes Betreiben hin Entscheidungen oder auch feiges Wegducken erfolgten. Doch fehlte es an des Pfarrers Führung in einer verfahrenen Situation, die von den Betroffenen wohl kaum aufgelöst werden kann: kein Wort der Versöhnung seitens des Pastoralteams, kein Hinweis auf die Aufgabe der Kirche als Institution der Barmherzigkeit. Recht und Ordnung hatten Vorfahrt – gegen die Verletzung der verlassenen Frau galten die Nöte meines Mannes nichts. „Unterlassung von Unterstützung aller" lautet der Vorwurf. In einer säkularen Welt könnte man sich wehren, ausgerechnet in der Kirche geht das nicht. Barmherzigkeit ist hier Glückssache.

Unser Fall ist bestimmt kein extremer, vermutlich kennt jeder üblere Geschichten. Und doch wünschen wir uns aus eigenem Erleben eine Veränderung von innerkirchlichem Verhalten, Verkündigung und Pastoral: Was sollte denn im Vordergrund stehen? Die Menschen und nicht das Gesetz!

Als wir beide drei Jahre nach unseren Scheidungen heirateten und damit die „dauerhafte Sünde" kirchenrechtlich eigentlich erst begann, mussten wir einen unerwarteten Schlag erleben: Für einen Segnungsgottesdienst am Tag nach unserer standesamtlichen Hochzeit hatte der örtliche Pfarrer bereits eine wunderschöne Kapelle zugesagt – ein mit uns befreundeter Diakon wollte die Feier leiten, alle Texte und Lieder waren ausgewählt, vorbereitet und mit dem Ortspfarrer abgestimmt. Vier Tage vor dem Termin sagte der Pfarrer jedoch ab, denn er hätte einen Anruf bekommen, dass es große Besorgnis um diese Feier gäbe: Ob die Anwesenden das nicht vielleicht doch als Trauung missverstünden, ob da Sakramente beschädigt würden, man wisse ja nie … Und es täte ihm leid, aber diese latenten Drohungen machten ihm Angst, dafür würde er nicht seine Rente riskieren. Das verstanden wir, denn nichts weniger steht ja auf dem Spiel, wenn ein Pfarrer „entlassen" wird: Die gesamte Altersversorgung wurde lange mit einer einmaligen Zahlung abgegolten – bei einem uns bekannten Fall waren das 5.000,– DM für das Studium und neun

Dienstjahre. Heute wird immerhin die Minimalrente nachgezahlt. Anderen Pfarrern wurde explizit geraten, doch bitte einfach unverheiratet mit der geliebten Frau und den gemeinsamen Kindern zusammenzuleben – man müsse ja nicht zwingend heiraten, und so könne er auch im Amt bleiben. Eine vermeintliche Gnade, die kirchlichen Regeln nicht anzuwenden, wird so zum machtvollen Knebel. Dieses Maß an Druck, Machtmissbrauch und Scheinheiligkeit ist kaum zu überbieten.

Das Problem der fehlenden Kapelle wurde übrigens von oberster Stelle perfekt gelöst: in Gestalt des goldensten Spätherbsttages aller Zeiten, der uns die wunderbarste Kapelle lieferte, in der man einen Gottesdienst nur feiern kann: Gottes wunderbare Schöpfung! Nein, falsch? Taufe, Erstkommunion und andere Gottesdienste können nur in dafür vorgesehenen Räumen gültig sein? Zeichen der Nähe Gottes kann niemand vorhersehen oder durch Checklisten absichern. Wer dem widerspricht, ist darauf aus, Macht zu sichern. Aber nicht mehr über uns.

Anonym

9 Hauptsache, aufgewandelt wird!

Unsere Gemeinde hatte das Glück, über lange Jahre einen aufgeschlossenen, engagierten, menschen-, zukunfts- und reformorientierten Pfarrer zu haben. Also wurde es beim nächsten Wechsel der Gemeindeleitung höchst spannend. Denn aufgrund der langjährigen konstruktiven Atmosphäre war bei den Gemeindemitgliedern eine vielfältige und große Bereitschaft zum Engagement gewachsen. Das Gemeindeleben war bunt und lebendig, die Gottesdienste stets bestens besucht. Mit Neuem wurde experimentiert. Nur ein Beispiel: Selbstverständlich predigten alle pastoral Mitarbeitenden, egal ob Mann oder Frau, egal ob Kleriker oder nicht, hin und wieder ergriffen auch „Laien“ das Wort. Kaum jemand konnte sich noch vorstellen, dass es auch anders sein könnte.

Bei uns hat sich im Wechsel des Pfarrers gerächt, welches Personal die Kirche über Jahrzehnte herangezüchtet hat. Neben den üblichen Auflagen für katholische Priester ist vor allem der kirchliche Systemerhalt durch Aspiranten zu gewährleisten. In diesem Interesse kommen nicht selten Menschen in eine verantwortungsvolle Position, die nicht die entsprechenden persönlichen Voraussetzungen mitbringen. Amt und System bieten ihnen dabei einen relativ geschützten Raum.

So bei uns: ein neuer Pfarrer (Pfarrerinnen gibt es ja leider noch nicht!) mit speziellen Persönlichkeitsmerkmalen, die für eine Gemeindeleitung höchst problematisch sind. Wohlgemerkt geht es nicht um Unterschiede, wie sie üblich sind, wenn Menschen in ihrer Unterschiedlichkeit sich erst neu kennenlernen müssen. Die Diözesanverantwortlichen spielten aber nicht mit offenen Karten gegenüber der Gemeinde, obwohl ihnen aus Vorgängergemeinden Informationen vorlagen. Die Gemeindemitglieder wurden samt dem neuen Pfarrer auf eine Abenteuerreise mit ungewissem Ausgang geschickt. Die Persönlichkeitsmerkmale des Neuen konnte die Gemeinde so nach und nach selbst entdecken. Personalverantwortliche sprachen Gemeindemitgliedern, selbst wenn Mediziner darunter waren, ausdrücklich die Kompetenz ab, diese Persönlichkeitsmerkmale zu beurteilen.

Es dauerte nicht lange, bis Konflikte auftraten, da es seitens des Neuen keine Wertschätzung für das gab, was die Gemeinde zusammen mit seinem Vorgänger erarbeitet hatte. Spontane Begegnungen und das Kennenlernen von neuen Menschen führten zu verschreckten Reaktionen mit körperlichen Abwehrhaltungen. Beliebtestes Kommunikationsmittel waren Emails als geschätztes Distanzmedium. Akustische Reize wie schreiende Täuflinge oder der Chor, der angeblich zu laut sang, machten ihn nervös. Berührungen wie Handreichen und Blickkontakte riefen bei ihm Stress hervor. Die Reizschwelle zum Überfordertsein und für emotionale Entgleisungen mit Anschreien des Gegenübers war niedrig. Dann gab es immer wieder Verhaltensweisen in pastoralen Situationen, die Menschen vor den Kopf stießen, weil zu wenig empathisches Verhalten erlebt oder jemand einfach nicht wahrgenommen oder übersehen wurde. Termine, auch Gottesdiensttermine, wurden vom Neuen teilweise als Fremdbestimmung empfunden. Das Pfarrhaus war nicht mehr der unkompliziert offene Begegnungspunkt, sondern Hoheitsgebiet des Pfarrers. Räume dort durften nicht mehr unkompliziert genutzt werden. Gleichzeitig wurde von ihm versucht, immer mehr Verantwortung loszuwerden, damit sie nicht an ihm hängenblieb. Es bildeten sich Parteiungen in der Gemeinde. Für viele war vor allem maßgeblich, dass sie unbedingt einen Pfarrer in der Gemeinde haben wollten, mehr oder weniger egal wen. Ohne Pfarrer, das wäre das Schlimmste für sie. Gespräche mit Diözesanverantwortlichen über die gemachten Erfahrungen führten zu keinen Veränderungen. Es ging ein Stück weit nach dem alten Cäsarenprinzip: spalte und herrsche. Die Gemeindewelt wurde aufgeteilt in Freund und Feind. Als immer mehr Menschen sich ausklinkten, wurden die Dinge so gedreht, dass die Verantwortung bei ihnen lag, aber nicht beim Leitungsverantwortlichen. Aufgrund der speziellen Persönlichkeit des Pfarrers scheiterte auch eine Mediation, wobei ich als maßgeblich Beteiligter von vornherein ausgeschlossen war.

In der Folge zogen sich, da Dauerkonflikte in einer christlichen Gemeinde keinen Sinn machen, immer mehr langjährig Engagierte aus der Gemeinde zurück. Nicht wenige traten früher oder später aus der Kirche aus.

Eigentlich ist dies ein doppelter Machtmissbrauch von Systemverantwortlichen, denen schon bald ausführliche Informationen aus den Gemeinden vorlagen: Zum einen wurde der Geistliche missbraucht, der in bester Absicht mit seiner speziellen Persönlichkeitsstruktur in einen Beruf ging, für den er eigentlich nicht geeignet ist. Verantwortlich ihm gegenüber wäre es gewesen, schon in der Ausbildung mit ihm zu schauen, in welch anderen beruflichen Feldern er seine guten Begabungen besser einbringen könnte, und ihn da zu fördern. Stattdessen freute man sich über einen neuen, treuen Systemdiener, den das System im Gegenzug in Schutz nimmt und gut bezahlt.

Zum anderen wird Macht gegenüber der Gemeinde missbraucht: Indem sie nicht informiert wird, mit wem sie es zu tun bekommen wird. Indem man sich nicht darum schert, was bisher an Gutem gewachsen ist. Indem man den Pfarrer unter allen Umständen zu halten versucht und seine Verhaltensweisen deckt, solange dieser sich systemkonform gibt, und darauf hofft, dass diejenigen, die aufbegehren gegen diese Vorgehensweisen, sich früher oder später anpassen oder weggehen.

Nicht sehr häufig kommt es vor, dass der Pfarrer nach Eskalation der Dinge wieder die Gemeinde verlassen muss. Doch selbst wenn: In der Regel wird es dann wie bei anderen Missbrauchssituationen auch gehen: Er wird woandershin versetzt, in der Hoffnung, dass es dort besser läuft.

Gemeinden erleben somit die negativen Folgen des großen Reformstaus in der Kirche. Ohne Visionen und Reformbereitschaft wird Kirche keine Zukunft haben.

Anonym

10 Haben Sie Lepra?

„Haben Sie Lepra?", fragte mich mein Kollege. Er spielte damit auf meine Situation der Absonderung an. Sieben Jahre lebte ich isoliert. Abseits von den Kolleg*innen. Mein Chef hatte mich eiskalt abserviert. Warum, weiß ich bis heute nicht. Die Abteilung performte 1 A. Erfolg auf allen Kanälen. Das Team geprägt von respekt- und vertrauensvoller Zusammenarbeit. Die Stimmung gut.

Der Chef neu. Geschmückt mit einem römischen Ehrentitel. Bühne frei, rollt den roten Teppich aus für Super-Hochwürden. Er wollte bewundert werden. Alles drehte sich nur noch darum, ihn gut aussehen zu lassen. Inhalt egal. Hauptsache, er steht im Mittelpunkt. Die Berichte an ihn wurden fortan frisiert. Denn man fürchtete seine üble Laune. „To shoot the messenger" war eines seiner Lieblingsspiele. Da machte er die Leute so richtig zur Sau. „Der Ober sticht den Unter" heißt sein Motto. Lauthals schreiend, wirres Zeug faselnd brachte er gestandene Männer zum Zittern. So was wollte man nicht über sich ergehen lassen müssen. Das braucht keiner.

Angestoßen durch sein Verhalten kam es zum innerbetrieblichen Culture-Change. Peu à peu, kontinuierlich über Wochen hinweg. Steter Tropfen höhlt den Stein. Das Märchen von „Des Kaisers neue Kleider!" wurde in Dauerschleife aufgeführt. Ihm wurde nach dem Mund geredet. Dinge zurechtgedreht. Nur damit er zufrieden war. Viele duckten sich weg. Dienst nach Vorschrift. Zu allem Ja und Amen sagen. Der Mitarbeitergottesdienst war plötzlich ein Schaulaufen, wo man seine Loyalität zeigen konnte. Wer zum Beten kam, war ein guter Mitarbeiter. So sammelte man Bonuspunkte.

Um die eigene Haut zu retten, wurde bald „Schwarzer Peter" gespielt: „Ich war es nicht, die anderen sind schuld!"

Anschwärzen und Mobbing hielten Einzug. Im Grunde war das nichts anderes als copy & paste. Denn was in der Chefetage mit Bravour vorgelebt wurde, setzte sich über die vielen Ebenen hinweg nach unten weiter fort. Was der Chef konnte, konnten andere nun auch: Mitarbeitende gegeneinander ausspielen. Das war jetzt salonfähig. Kaum jemand, dem man noch trauen könnte. Verbündete Fehlanzeige. Und damit auch niemand, der einem den Rücken stärkte, wenn man den Mund aufmachte.

Reihenweise wurden Leute rausgeekelt oder krank. Manche suchten sich einen anderen Job. Den Aufsichtsgremien fiel das nicht auf. Dass mehr als ein Drittel der Mitarbeitenden ausgetauscht wurde, leitende Angestellte über Nacht weg waren, löste keine Reaktion aus. Besorgte Briefe an die obere Etage des Ordinariats wurden ignoriert. Von Fürsorgepflicht des Arbeitgebers keine Spur. Super-Hochwürden durfte weiter wüten. Hauptsache, man hatte ihn auf eine Position verschoben, wo er mit seiner auffallenden Suchterkrankung vermeintlich weniger Schaden anrichten konnte.

Das habe ich geschrieben, um den Rahmen zu setzen und Sie verstehen zu lassen, was mir passiert ist. Abgesägt, ohne Angabe eines Grundes. Nach einem Vierteljahrhundert Dienst in der Kirche. Ich wurde zum Chef zitiert, angeschrien und bekam einen Zettel unter die Nase, wo meine neuen Aufgaben draufstanden. Den sollte ich unterzeichnen. Als ich das nicht tat, steigerte er seine verbale Aggressivität. In einem späteren Gespräch ist ihm tatsächlich die Hand ausgerutscht. Er schlug nach mir.

Ich zog in ein neues Büro, jeglicher Kontakt war meiner früheren Abteilung untersagt. Wer wollte schon mit jemandem zu tun haben, der beim Chef in Ungnade gefallen ist. Da gehört Mut dazu. Eine Tugend, die nicht alle haben in einer Atmosphäre, in der Duckmäusertum gefragt ist.

Meine grandiosen Jobs bestanden daraufhin im Nichtstun. Die meiste Zeit wartete ich auf Vorgaben vom Chef, für die ich immer parat sein musste. Es kam nichts oder nur Aufgaben für den Mülleimer. Mal durfte ich einen 08/15-Brief beantworten, mal ihm irgendwelche Artikel zusammenstellen. Alles für die Katz. Er hatte Freude daran, dass ich wusste, ich arbeite nur für den Papierkorb. Aber: ich sollte proaktiv sein, so seine Vorgabe.

Kam ich dann mit Ideen oder lieferte ich meine Arbeit ab, hagelte es Kritik. Nichts passte. Sagte ich etwas oder stieg in eine Argumentation ein, prasselten Beschuldigungen auf mich nieder. Entgegnete ich irgendetwas, wurde ich bezichtigt, mich nur zu rechtfertigen. Was ich auch sagte, alles verkehrt. Ich wurde zusammengestaucht und vorgeführt. Showdown, gerne vor Publikum. Ich habe viele akademische Titel. Mehr wie er. Doch natürlich war meine Arbeit komplett daneben.

Das Highlight meiner Tätigkeiten war das Ausmisten der Kellerräume. Damit verbrachte ich zwei ganze Wochen von insgesamt sieben Jahren. Da rührte sich etwas in der sonst ganz bewusst herbeigeführten Langeweile. Genießen konnte ich das Nichtstun allerdings nicht. Ein Buch lesen völlig undenkbar. Denn ich saß in einem modernen gläsernen Büro, in das er oder einer seiner willfährigen Adlaten reingestürmt kam, um mich zu kontrollieren. Nichtstun unter ständiger Kontrolle ist anstrengend.

Mein Gehalt wurde bezahlt. Ich habe es als Schmerzensgeld verstanden. Lügen wurden über mich verbreitet oder Andeutungen gemacht, so dass sich die Kolleg*innen mit etwas Fantasie so Einiges zusammenspinnen konnten, was ich mir doch sicher zu Schulden kommen ließ.

In Sitzungen wurden meine Punkte ignoriert, meine Wortmeldungen übersehen, bei Einladungen zu Konferenzen wurde ich systematisch vergessen, obwohl ich doch nach außen hin so wichtig war. Schließlich waren meine Titel samt meiner Reputation ein Status Upgrading für ihn. Wer so was in seiner Entourage hat, der ist eben noch wichtiger. Wenn ich mich bemerkbar machte, hatte ich danach garantiert wieder Buße zu tun. Da war er raffiniert und erfinderisch. Es machte ihm Spaß.

Nach sieben Jahren bekam ich die Kündigung. Ein Wisch mit sage und schreibe vier Zeilen lag eines Morgens auf meinem Schreibtisch. Schön im Kuvert. Ein Fall für das Arbeitsgericht. Gewonnen habe ich ohne Wenn und Aber. Ich habe mir einen neuen Job gesucht. Er sitzt nach wie vor in seiner Position.

Anonym

11 Kommunikation auf katholisch

Ich bin als Ständiger Diakon im Kirchendienst tätig. Vor neun Jahren hatte ich eine Anweisung für zwei Pfarreien. Mein dienstvorgesetzter Pfarrer fand heraus, dass ich bei einer der ortsansässigen Reformgruppen dabei war. Daraufhin stellte er mich vor die Wahl, entweder aus der Reformgruppe auszutreten oder von seinem Pfarrverband zu verschwinden. Dieses Dienstgespräch verdiente seinen Namen nicht: Es handelte sich um eine autoritäre Anweisung, kurz und knapp und schlimmer, als ein Lehrer mit einem ungezogenen Schuljungen umgehen würde.

Ich habe dann keine der beiden angebotenen Möglichkeiten gewählt. Dem Pfarrer, der auch gleichzeitig Dekan war, habe ich geantwortet, dass ich weder die Absicht hätte, die Stelle zu wechseln, noch die Reformgruppe zu verlassen. Also hat er dies dem Leiter der Priester und dem Leiter der Ständigen Diakone mitgeteilt.

Im Generalvikariat kam man zu dem Schluss, dass man mich wohl kaum offiziell wegen meiner Beteiligung an einer Reformgruppe versetzen könne. Aber sie haben sich eine andere Begründung für eine Strafversetzung ausgedacht. Sie wurde mir wiederum in dem schon bekannten Stil und Ton mitgeteilt: wegen einer aktuellen Notsituation in der Krankenhausseelsorge würde ich von meiner Pfarrstelle abgezogen. Für die eiligst einberufene Sitzung von Kirchenverwaltung und Pfarrgemeinderat erhielt ich die Order, mich nicht dazu zu äußern. Wieder von oben herab, autoritär, wie in der Schule vor 50 Jahren.

Für mich unfassbar: In dieser Sitzung wurde den Anwesenden tatsächlich diese ausgedachte Story eines Notfalls der Krankenhausseelsorge aufgetischt. Das war schlichtweg eine Lüge. Als mich die Räte schließlich persönlich dazu befragten, „ermunterte" mich der Pfarrer zu allem Überfluss auch noch, ich solle mich doch äußern! Er verlangte von mir tatsächlich, genauso zu lügen! Eine Demütigung sondergleichen, die für mich furchtbar war.

Der Pfarrer hat mir dann noch nicht einmal erlaubt, mich von der Gemeinde am nächsten Wochenende zu verabschieden. Welche Gerüchte daraus in der Pfarrgemeinde über mich entstanden sind, weiß ich nicht.

Ich habe dann den PGR-Vorsitzenden darüber informiert, dass ich am Mittwochabend in der Werktagsmesse das letzte Mal als Diakon in der Pfarrei sein und mich dort von den Gottesdienstbesuchern verabschieden werde. Sehr schön für mich war es, dass der PGR den Pfarrsaal gemietet hat und in der Werktagsmesse weit über 50 Gemeindemitglieder anwesend waren.

Diesen Umgang meiner Vorgesetzten mit mir konnte ich nicht so einfach wegstecken. Zwei Jahre habe ich zum Heilwerden gebraucht. Es war nicht einfach, aber Supervision und ein guter Pfarrer haben mich wieder auf die

Spur gebracht. Ich habe gelernt, mir Nischen zu suchen, in denen ich weitgehend unbehelligt meine Berufung leben kann, und finde hier viel Freude und Erfüllung.

Nach wie vor schockierend finde ich den Umgangston und -stil innerhalb der Hierarchie den Untergebenen gegenüber. Manche Mitarbeiter im Generalvikariat können zugeben, dass meine Kritiken konstruktiv und weiterführend sind. Alle anderen haben offenbar solche Angst, die Kontrolle über die Mitarbeiter (über mich?) zu verlieren, dass sie nicht Gespräche führen, sondern in ihrer offensichtlichen Hilflosigkeit nur zu einem autoritären Befehlston fähig sind. Mit guter Personalführung hat das nichts mehr zu tun.

Anonym

12 Persona non grata

Machtmissbrauch gibt es nur bei anderen, dachte ich mir, doch dann bekam ich Bauchschmerzen.

Aufgewachsen bin ich in einer bodenständigen katholischen Familie. Nach der Mittleren Reife machte ich die Ausbildung zur Krankenschwester, studierte Theologie im Fernkurs, absolvierte die dreijährige Diakonatsausbildung über das Netzwerk Diakonat der Frau und belegte den Studiengang Liturgie im Fernkurs. Nach 17-jähriger Tätigkeit in der Krankenpflege wollte ich in den pastoralen Dienst wechseln. „Du bist in unserer Diözese eine Persona non grata“, antwortete mir ein Priester im Jahr 2010, als ich ihm erzählte, dass ich mich in seiner Diözese beworben hatte.

Vier Jahre später schrieb mir meine Therapeutin ein Attest: „Frau A. ist durch eine Fülle von Belastungen im sozialen Arbeitsumfeld in den letzten Monaten zunehmend depressiv erkrankt; bei zusätzlichen Somatisierungen mit zuletzt mehreren internistisch-chirurgischen Eingriffen empfahl ich der Patientin, ihren Job aufzugeben."

Was machte mich zu einer „Persona non grata" in der Kirche? Erstens ich war geschieden, zweitens ich hatte als Frau eine „unerlaubte" Diakonatsausbildung absolviert, drittens wollte ich nicht in die Kinder- und Jugendarbeit, sondern in die Senioren- und Krankenpastoral. Für mich als ehemalige Krankenschwester war das naheliegend und charismenorientiert, für meine spätere Ausbildungsleiterin war das ein Dorn im Auge.

Das Vorstellungsgespräch im Bischöflichen Ordinariat war schon speziell gewesen. Da saß ich drei Menschen gegenüber (einem Priester, einem Pastoralreferent aus dem Personalreferat und einer Ausbildungsleiterin) und die erste Frage war: „Sie kommen in eine Ihnen unbekannte Kirche. Wo setzen Sie sich hin?" Dann kamen Fragen wie: welche Bibelstelle und welcher sonstige Text mir wichtig seien, ob ich mir im Klaren wäre, was es für meine weitere Lebensführung bei einem kirchlichen Arbeitgeber bedeute, dass ich geschieden sei. Dann folgte eine empörte Feststellung: Es könne nicht stimmen, dass ich eine Diakonatsausbildung hätte, da diese für Frauen unmöglich sei. Zum Schluss die Frage, ob kirchenrechtlich irgendetwas gegen mich vorliegen würde. Ich habe alle Fragen offen und ehrlich beantwortet und spürte von Anfang an Ressentiments gegen mich, weil offensichtlich nicht sein kann, was nicht sein darf.

Trotzdem wurde ich eingestellt (vermutlich hatte ich Fürsprecher). Doch es gab Bedenken gegen mich, da ich schon „zu viel zu selbstständig" gemacht habe. Also erfolgte die Einstellung nur, wenn ich einer zweijährigen Berufseinführung zustimmen würde und abschließend noch eine zweite Dienstprüfung ablegen würde. Naiv wie ich war, konnte ich mir damals nicht vorstellen, dass es im kirchlichen Dienst Menschen gibt, die ihre Macht demonstrieren, indem sie zeigen, dass sie am längeren Hebel sitzen und mir das Leben schwermachen können.

Ich kam mir vor wie Sisyphus. Ich konnte mich abarbeiten, wie ich wollte: Es war nie richtig, es war nie genug. Zuerst wurde mir aus „ideologischen" Gründen nahegelegt, meine damalige Nebentätigkeit zu kündigen, dann sollte ich doch weitere Fortbildungen besuchen, die mir eigentlich erlassen werden sollten, dann wurden meine Ausarbeitungen kritisiert: „Thema verfehlt". Nach der praktischen Prüfung fragte mich eine Prüfungs-Beisitzerin aus der Gemeinde: „Was hat Deine Ausbildungsleiterin gegen dich? Die Note stand schon vorher fest." Mein Chef meinte: „Egal wie gut du bist, du wirst keine gute Note bekommen, finde dich damit ab und steh drüber." Es ging mir nicht um die Noten, ich hatte in meinen vorherigen Prüfungen gute Noten bekommen, somit hatte ich den Vergleich. Ich wusste, dass Benotungen/Beurteilungen ungerecht waren, aber diese ständige Missachtung und Abwertung kratzte an meinem Selbstwertgefühl. Irgendwann habe ich es wirklich selbst geglaubt, dass ich es gar nicht wert bin, dass Menschen gut mit mir umgehen. Auch mein damaliger Chef (ein befreundeter Priester) änderte sein Verhalten mir gegenüber. Er hielt sich nicht mehr an unsere Absprachen, wurde immer mehr zum erhöhten Chef und setzte mich unter (Zeit-)Druck. Aussprüche wie „Augen zu und durch" oder „Einer muss es machen und ich bin es nicht" schienen ihm fast Spaß zu machen. Meine Einwände tat er mit einem Schulterzucken ab. Es waren die ständigen Sticheleien, die mir die Kraft nahmen und mich in die Erschöpfungsdepression führten: Schlafstörungen, Konzentrationsstörungen, Vergesslichkeit, Selbstzweifel und letztendlich Todessehnsucht. Ich war unfähig mich zu wehren. Äußerlich erstarrte ich und innerlich brodelte es. Ich entwickelte Gallenkoliken, einen Leberstau und selbst der eingesetzte Stent im Gallengang verstopfte. Die Labor-Entzündungswerte gingen hoch, trotz Antibiotika. Ich musste notfallmäßig operiert werden. Erst dann begriff ich endlich, dass ich dieses krankmachende System („Arbeitsumfeld") verlassen musste, um gesund werden zu können.

Den speziell kirchlichen Machtmissbrauch sehe ich darin, dass die Gängelungen und das Kleinmachen zur Zermürbung und Zerstörung geführt haben. Das Ausspielen von Machtpositionen zum Nachteil Untergebener passt so gar nicht zur Christusnachfolge. Jesus heilt und richtet auf (Lk 13,11–13). Die Mächtigen herrschen, doch in der Christusnachfolge soll das nicht so sein (Lk 22,25–26). An diesem Auftrag Christi messe ich die Institution Kirche. Eine dienende Kirche wäre nicht zerstörerisch, sondern aufrichtend und heilsam. *Anonym*

13 Wer geweiht ist, bestimmt, wo's lang geht

Was mich eine ganze Weile zögern ließ, meinen Beitrag zu diesem Buch zu schreiben: Es fühlt sich an, als würde ich mich an ungehöriger Stelle nackt ausziehen. Dass diejenigen, die das jetzt lesen, etwas von mir sehen, was mir schwerfällt zu zeigen, etwas, das lange – jahrzehntelang – bedeckt war. Eine Weile habe ich mich auch gefragt, ob ich das jetzt hervorholen und damit aushalten will, was es in mir auslöst.

Einzelne Begebenheiten fielen mir ein.

In der zweiten Klasse in der Grundschule: Wie normal es war, dass der Kaplan einen Haselnussstock auf seinem Pult hatte für den Fall, dass eines der Mädchen (zu der Zeit wurden in Bayern Buben und Mädchen getrennt unterrichtet) sich nicht richtig benahm. Wie die Mädchen, denen der auf die Finger schlug, aufschrien. Der junge Mann war sehr angesehen in der Gemeinde.

Die Noten im Fach Religion wurden folgendermaßen vergeben: Wer sonntags „in die Kirche“ ging und am Freitag vor der Schule in die Schülermesse, bekam eine Eins. Wer nur am Sonntag ging, eine Zwei. Wer unregelmäßig teilnahm, erhielt höchstens eine Drei oder eine Vier. Schulische Leistungen, Mitarbeit im Unterricht? Spielte keine Rolle …

Meine Erstkommunion: Es wurde vorher alles geübt, wann und wie wir zu stehen, zu sitzen, zu knien hatten usw. Am Festtag selbst, als alles gut überstanden war, sollten wir noch eine letzte Kniebeuge machen. Die gelang uns nach Meinung des Kaplans nicht geräuschlos genug, sodass wir sie wiederholen mussten. Das Gefühl von damals spüre ich noch. Es hat die Freude darüber, dass Jesus in der Kommunion zu mir gekommen war, schlagartig genommen. Ich fühlte mich klein und unwürdig.

Vor kurzem erlebte ich genau dieses Gefühl wieder, als ich als Liturgiehelferin das Ziborium aus dem Tabernakel holte. Der Pfarrer, der nur zum Kommunionausteilen in die Kirche kam, war äußerst knapp dran und hatte nicht gesehen, dass ich die vorgeschriebene Kniebeuge vor dem geöffneten Tabernakel schon gemacht hatte. Er bedeutete mir – gefühlt war es ein Zwang –, das Gefäß wieder abzustellen und mit ihm zusammen die Kniebeuge zu wiederholen. Erst dann durfte ich die Schale zum Altar bringen.

Was mich jetzt, Jahrzehnte später, mehr und mehr erschreckt: als wie „normal“ diese Vorgehensweisen empfunden wurden, wie der Herr Pfarrer die Oberhoheit hatte über alles, was mit der Kirche zu tun hatte. Er allein bestimmte, wie etwas auszuführen war. Kein Mensch wäre auch nur auf die Idee gekommen, es anders zu denken oder ihm zu widersprechen. Ich hatte als Kind kein Bewusstsein, dass ich als Christin, als Gläubige, diese Kirche mit-bilde und auf Grund meiner Taufe und Firmung nicht nur berechtigt, sondern beauftragt bin, mitzuwirken und mitzugestalten. Allerdings: Wirklich partnerschaftliche Zusammenarbeit zwischen Geweihten und Nichtgeweihten habe ich auch in den späteren Jahren und bis heute kaum erlebt. Immer noch hängt es vom jeweiligen Priester ab, was ich tun darf, was er mir zugesteht.

Noch nicht lange her ist eine Erfahrung, die ich als Leiterin einer Ferienfreizeit machte. Wir wollten an einem der Abende eine Liturgie von der Gegenwart Gottes feiern. Ein Element dabei ist die Verehrung der Eucharistie. Ich bat den Priester, der mit uns am Abend vorher Eucharistie feierte, eine Hostie für die kleine Monstranz mitzukonsekrieren für den folgenden Tag. Seine Bemerkung: Das könne er nur, wenn gewährleistet würde, das damit verantwortungsvoll umgegangen würde. Und das, obwohl er wusste, dass ich Liturgiehelferin war und gewohnt, mit dem Allerheiligsten umzugehen.

Es vergeht kaum eine Eucharistiefeier, bei der mir nicht Rituale auffallen, sehr subtil, die nach meinem Empfinden deswegen gepflegt werden, um die besondere Stellung des Priesters hervorzuheben. Kaum etwas ohne dieses Gefälle zwischen Gläubigen bzw. „Laien“ auf der einen und Klerikern auf der anderen Seite. Das wirkt, als ob allein die Geweihten die Fachleute in Sachen Gott suchen sind, die wissen, was Gott will und wie Glauben geht. Immer noch geht es nicht um gemeinsames Suchen und Glauben und Verkünden, sondern die einen wissen Bescheid – haben die Vollmacht, wie es auch gern genannt wird – und sagen den anderen, wie sie als Christ, als Christin zu leben haben.

Anonym

14 Geburt als Ende – und Ende als Anfang?

In einem teuren und komplizierten Prozess suchte ein Orden nach einem Weg, wie es mit ihrem traditionsreichen Magazin für christliche Spiritualität weitergehen könnte. Weil insbesondere Videos zum Einsatz kommen sollten, stellte er mich teilzeitlich als Chefredaktor an. Die Zusammenarbeit mit dem damaligen Ordensoberen Pater A. war sehr gut. Er unterstand mir in der Redaktionsarbeit und beteiligte sich dort ehrenamtlich, war aber zugleich Mitglied der dreiköpfigen Herausgeberkommission.

Ich eruierte viele Daten zur Nutzung unserer neuen Social-Media-Kanäle, doch leider wurde meine naheliegende Idee, einmal mit der Kommission zusammensitzen zu dürfen, stets abgelehnt.

Einmal hatte unser Printprodukt schlechte Farbqualität. Obwohl die Druckerei den Fehler zugab und das „Gut zum Druck" vom Verlagsleiter B. – ebenfalls Kommissionsmitglied – gekommen war, wurde in einer eilig einberufenen Krisensitzung der Schwarze Peter mir zugespielt – und „praktischerweise" lag ich in jenem Moment schwerverletzt im Spital.

Pater A. forderte von mir unter Kündigungsandrohung Ideen für die Zukunft; gegen die Vorwürfe verteidigen solle ich mich nicht, denn mein Versagen liege ja offenkundig auf dem Tisch. Ich listete schriftlich eine ganze Reihe von Ideen auf und erlaubte mir, mich in einem zweiten Dokument zu verteidigen (freilich mit der Bemerkung, man dürfe es auch ungelesen wegwerfen). Auf keines der beiden Dokumente wurde je reagiert.

Das darauffolgende Jahr begann mit einer für mich unerwarteten Gehaltserhöhung. B. begründete sie mit meiner guten Arbeit.

Wenig später lud ich für einen Bildband unseres Magazins Pater A. und einen Architekten, mit dem zusammen er viele Jahre zuvor recht gute Kirchen-Neugestaltungen kreiert hatte, zu einem gemeinsamen Gespräch über diese teils schweren „Geburten" ein und verschriftlichte es anschließend. Das Gespräch war lebendig: Einer begann einen Satz, der andere führte ihn weiter … Auch das Bildprogramm sollte, wie Pater A. und ich es zuvor festgelegt hatten, lebendig sein, also mit Gläubigen und Gottesdiensten. Zu meinem Erstaunen fand Pater A. mein Gesprächsprotokoll katastrophal, traf sich ohne mein Wissen erneut mit dem Architekten, schrieb daraufhin einen nüchternen Aufsatz (wenn auch in Gesprächsform) nieder und ließ hinter meinem Rücken vom Architekturbüro andere, „trockene" Architekturfotos direkt an die Druckerei schicken.

Ich wies ihn darauf hin, dass wir ein anderes Vorgehen vereinbart hatten, und schlug ein Gespräch vor. Doch die Situation eskalierte; Pater A. trat wenige Tage später fristlos aus der Redaktion sowie aus der Herausgeberkommission aus, deren kärglicher Rest sodann in Pater A.s Sinn automatisch „funktionierte": B. kündigte mir – ohne jedes vorhergehende Gespräch. Ich sagte ihm, dass dies das Dümmste sei, was man für unser Magazin tun könne. Er antwortete, das sei „durchaus möglich", aber Pater A. sei nun mal der Ordensobere.

Eine Mitarbeiterin berichtete mir später, dass sie bei Pater A. schriftlich gegen die Kündigung protestiert habe. Er habe ihr geantwortet, dass die Kündigung nichts mit dem Bildband zu tun habe und dass man mit mir über einzelne Filmaufträge im Gespräch sei. Ersteres ist für mich aufgrund der Vorgeschichte nicht vorstellbar, Zweiteres stimmte nicht.

Ich will betonen, dass alles juristisch korrekt war: Die Kündigungsfrist wurde eingehalten, und das Lügen in diesem konkreten Kontext verstieß gegen kein Gesetz. Nur war der Umgang mit mir nicht mit dem Christentum zu vereinbaren.

Im Nachhinein erkläre ich mir Pater A.s Verhalten so, dass er mein Gesprächsprotokoll, in dem Echtes und Lebendiges (wenn auch freilich nur Positives) von ihm als Person greifbar wurde, als ein Stück Kontrollverlust erlebt haben musste.

Ich fiel persönlich in eine tiefe Krise, auch weil ich um unser Magazin trauerte, dessen langjährige Geschichte von großen Persönlichkeiten geprägt war und für das ich aufgrund seiner Ausrichtung eine gute Zukunft gesehen hatte. Doch nun war diese Tradition einem Einzelnen zum Opfer gefallen.

Zwei Versuche meinerseits, mit einer jeweils hochkarätigen Vermittlungsperson ein Dreiergespräch über die Kündigung zu führen, ließ Pater A. scheitern. Was hätte Gutes geschehen können, wenn ich eine Stelle gehabt hätte, die in so einem Fall verbindliche Schritte zur Konfliktlösung vorsieht? Ein solches Vorgehen hätte es für mich einfacher gemacht, auch eigene Schuldanteile, falls vorhanden, zu sehen. Allerdings halte ich den Satz „Es gehören immer zwei dazu“ für falsch. Nein, es gibt Taten, an denen der Täter zu 100 % schuld ist.

Wie es in meinem Fall war, ist für mich aber nicht die zentrale Frage. Sondern: Wie kann es weitergehen – mit Blick auf viele Fälle in der Kirche? Mit Blick darauf, dass sowohl am Abend vor Jesu Leiden als auch in der Apostelgeschichte die Anweisung sinngemäß heißt: „Feiert das Mahl und missbraucht die Macht nicht“ (was sich gegenseitig bedingen dürfte)? Mit Blick auf Jesu Wort (Lk 22,26), das seinen Jüngern sogar verbietet, „als Könige zu herrschen“ (also auch „nur“ hart-autoritär zu führen), womit also die moralische Latte höher liegt als in der „Welt“?

Autor dem Verlag bekannt

15 Gott in Haft

Als mich eine deutsche Ortskirche für die Justizseelsorge anstellt, habe ich Jahrzehnte kirchlicher Tätigkeit hinter mir, als Ministrant, Pfarrjugendleiter, Zivildienstleistender und in einer ökumenischen Gemeinschaft, die es mit der ganzen Bandbreite von Christen zu tun hatte. Neben und nach dem Theologiestudium war ich in der weiten Welt der katholischen und anderer Ortskirchen herumgekommen, hatte einem Papst die Hand geschüttelt, alles ohne Weihe, Titel, Position, formale Karriere und unberührt von kirchlicher Verwaltung.

Meine Erfahrungen im Ausland – Organisation großer Versammlungen, unzählige Bibelarbeiten, Gottesdienstgestaltung, geistliche Begleitung zahlloser gesellschaftlich tätiger Menschen und Verlagsarbeit – passen nicht recht ins deutsche Konzept. Da erkennt mich eine wache Ordensfrau, die eine Anstellung per Gestellungsvertrag in einer Untersuchungshaftanstalt zum Wohl der Inhaftierten wie der Bediensteten durchzusetzen weiß.

Ich bin dort der Einzige, den niemand zwingen kann, Gesprächsinhalte preiszugeben. Ich klopfe mit dem Knöchel, nicht dem Schlüssel an die Türen. Mit Takt und Respekt mache ich die einschneidende Erfahrung: Einerseits ist kein Mensch für die Käfighaltung geschaffen, andererseits unterscheiden sich im Blick auf die dort lebenden und arbeitenden Menschen die Welt des Gefängnisses und die der Gesellschaft nur wenig. Die Seelsorge erlaubt, nüchtern einzusehen und zu vermitteln, dass ein Mensch stärker ist als die Verhältnisse, in die er geraten kann, und dass man schneller in einem Gefängnis landet, als einem lieb ist. Wie Jesus.

Beschuldigte Gewalttäter, Drogenhändler, Betrüger melden sich, um Einzelgespräche zu führen. Das Urteil überlasse ich dem Gericht. Der mutmaßliche Rechtsbruch tritt hinter den Einzelnen zurück, wenn ich unvoreingenommen zuhöre. Ich rede niemandem nach dem Mund, gehe niemandem auf den Leim. Die Begegnungen sind eine zulässige Öffnung in der Gefängnismauer, zur Freiheit, sich neu zu justieren, Familienbeziehungen, Selbstmordgedanken, Abhängigkeiten, Zwänge. Ich justiere mich mit, lerne dazu. Es gilt die Selbstsicherheit des Gegenübers zu stärken, den Mut, sich anzunehmen, und die innere Freiheit, mit anderen zu teilen. Das bleibt auch den Bediensteten nicht fremd.

Die wöchentliche Gesprächsgruppe besteht aus Christen, Muslimen und Menschen ohne Bekenntnis. Ungerührt lege ich allen den Bibeltext für den kommenden Sonntag vor. Nahezu jeder hat etwas dazu zu sagen. In einer Justizvollzugsanstalt öffnet sich die Bibel von selbst: Gott in Haft. Mit Zitaten aus den Beiträgen spicke ich meine kleine Ansprache beim wöchentlichen Gottesdienst. Ich erwähne, was mir zu Herzen gegangen ist, mache auch klare Ansagen: Niemand erhöht sich, indem er andere erniedrigt; Hackordnungen werden diesem besonderen Haus nicht gerecht.

Zu den Feiern in der Kapelle meldet sich das halbe Haus, vom ehemaligen Messdiener bis zum glühenden Atheisten, vom evangelikal Angehauchten bis zum Kulturmuslim – zu viele für die Sicherheit der Vollzugsabläufe. Dass dies geduldet wird, ist ein tiefer Vertrauensbeweis in meine Seelsorge. Der eng gezogene Gestaltungsrahmen in der Untersuchungshaft führt ungeachtet gelegentlicher Zwischenrufe zu Tiefe und Ruhe. Ein Alleluja, ein Kyrieeleison, ein Inhaftierter liest den Bibeltext, die Ansprache, nach der ein versierter Organist auf dem unsäglichen Gerät ein Stück spielt, danach minutenlang einfach Stille. Aus dem Tabernakel teile ich nach einer Kniebeuge und einem Gebet mit Vaterunser die Kommunion aus, an ein paar wenige, auch in den Mund. Ein Kirchenlied, das Segenswort, und „Gott schütze dich“

in einem Dutzend Sprachen, weil viele kein Wort Deutsch verstehen. Beim Ausgang, wie vorher beim Eingang, gebe ich jedem die Hand. „Geheiligt wird diese Kapelle zuallererst durch Ihre Anwesenheit“, pflege ich zu sagen. Damit ist auch für die Bediensteten alles klar.

Es war zu schön. Die kirchliche Hackordnung holt mich ein: Ein jüngerer Kleriker taucht unter den altgedienten Justiz-Kollegen auf, ohne Rücksprache der Untersuchungshaftanstalt zugeteilt. Offenbar hat er nirgendwo gutgetan, wird aber flugs zum Leiter der Gefängnisseelsorge ernannt. Er gräbt eine „Gitterzulage“ aus, die einem Geweihten für die belastende Gefängnisarbeit zustehe. Zu seinen Messopfern seien nur Katholiken zugelassen, und nicht mehr als ein gutes Dutzend. Er lässt prüfen, ob ich überhaupt die Kommunion austeilen darf. Die Justiz hat eben meine Anstellung um weitere sechs Jahre verlängert, das Ordinariat sieht sich formal nicht in der Lage gleichzuziehen.

Die Anstaltsleiterin schreibt mir ein Dienstzeugnis, über das ich nicht rot zu werden brauche; das Zeugnis einer Kirchenbehörde, die Auswüchse aus dem 19. oder 20. Jahrhundert duldet, brauche ich nicht. Auf der Höhe des 21. Jahrhundert (und da spielt das Geschilderte) lege ich lieber unbelastet Zeugnis für eine Kirche ab, die die Menschen nicht für dumm verkauft.

Anonym

16 Verkünde und lebe das Evangelium Christi ...?

Dies wurde mir in der Aussendungsfeier bei meiner Beauftragung vom Bischof zugesprochen. Seit 16 Jahren arbeite ich als Pastoralreferentin in der Gemeindeseelsorge. Nach meinem Studium der Philosophie und Theologie folgte die praktische Ausbildung in einer Gemeinde. In dieser Zeit und auch in den drei Jahren der Berufseinführung bis hin zur zweiten Dienstprüfung hatte ich selbstverständlich die Möglichkeit zu predigen und Gottesdienste zu feiern, da die Verantwortlichen vor Ort es zulassen konnten. Vermutlich kam in diesen Jahren auch die Tatsache hinzu, dass man in der Ausbildung noch beraten und beurteilt wird. Auch nach der zweiten Dienstprüfung hatte ich das Glück, dass es für mich auf Grund der Priester vor Ort möglich war, regelmäßig den Predigtdienst am Sonntag und auch an Feiertagen zu übernehmen. Ebenso gehörte es zu meinem Dienst, Wort-Gottes-Feiern, Andachten, Beerdigungen und eigenständige Gottesdienste für Kinder und deren Eltern zu feiern. Schließlich stand nach einigen Jahren ein Stellenwechsel für mich an und ich kam in einen Pfarrverband, in dem ich bald feststellen musste, dass Vieles für mich als pastorale Mitarbeiterin keine Option mehr war. Natürlich ist es nach kanonischem Recht nicht erlaubt, dass Laien – auch mit theologischer Qualifikation und Predigtausbildung – in einer Eucharistiefeier predigen. Jedoch gab es auch in Gottesdiensten mit speziellen Zielgruppen, wie z. B. Familiengottesdiensten, die ich regelmäßig mit einer Gruppe Ehrenamtlicher vorbereitete, diese Option für mich nicht. Mein Auftrag war es, den Gottesdienst vorzubereiten und dem Priester das ausgearbeitete Konzept vorzulegen, damit er dazu predigen kann. Die Predigt ist den Geweihten vorbehalten, da spielt es keine Rolle, welche Ausbildung ich im Gepäck habe. Wort-Gottes-Feiern –

ob für Erwachsene oder auch für Kinder – gab es in diesem Pfarrverband keine, da dazu auf Grund vorhandener oder auch vielfach von außerhalb angeforderter Priester keine Notwendigkeit bestand. Beerdigen durfte ich, wenn es gar nicht mehr anders ging. Im Schnitt war es eine Beerdigung in sieben Monaten, die mir zugeteilt wurde. Für die Trauernden war es (inzwischen) irritierend, dass nicht ein Priester oder Diakon zur Beerdigung kam, sondern eine Frau. Die letzte Beerdigung, die ich in diesem Pfarrverband übernahm, war für mich Anlass, das Thema im Dienstgespräch offen auf den Tisch zu legen: Die Sterbemeldung dieser besagten Beerdigung kam an einem Donnerstag im Pfarrbüro an, und nachdem von den Klerikern keiner Kapazität hatte, diese zu übernehmen, kam am darauffolgenden Dienstag mittags bei mir die Meldung an, die Beerdigung zu übernehmen. Ich rief umgehend die Angehörigen an, die sich zunächst zu Recht beschwerten, warum sich erst jetzt jemand melde. Ich vereinbarte für denselben Abend noch das Trauergespräch, da die Beerdigung bereits für den nächsten Tag angesetzt war. Im Laufe des Gespräches wurde ich gefragt, ob dann bei der Beerdigung doch wohl schon ein Pfarrer da sei. Im Nachhinein bedankten sich die Angehörigen sehr für die Begleitung und die Feier. Nach dieser Beerdigung war mir klar, dass ich nicht mehr der „Lückenbüßer“ sein möchte, der dann zum Zug kommt, wenn gar nichts mehr geht und zudem noch erklären muss, warum jetzt eine Frau hier steht und kein Pfarrer. Ich entschied mich, dieses Thema im eigenen Interesse zu klären, und machte im Seelsorgeteam den Vorschlag, Tage mit Beerdigungsbereitschaft zu vergeben, wobei auch ich als Pastoralreferentin eingebunden wäre – eine gängige Praxis auch andernorts. Die Antwort des leitenden Pfarrers war, dass das nicht geht, da er dem Kaplan und dem Diakon nicht wegnehmen könne, was ihr eigentlicher Dienst wäre. Als Kleriker hätten sie den ersten Zugriff. Ich verwies auf meine Dienstanweisung, in der explizit die Leitung von Wort-Gottes-Feiern wie auch die Leitung von Begräbnisfeiern genannt ist, wenn auch mit dem Zusatz in Klammern: wenn die pastorale Situation der Pfarrei es nach dem Urteil des Pfarrers zulässt. Dem bleibt hinzuzufügen, dass dies für die pastoralen Mitarbeiter:innen vor mir an dieser Stelle unter einem anderen leitenden Pfarrer vor Ort eine Selbstverständlichkeit war.

Ich arbeite in einer Diözese, in der Pastoralreferent:innen eine lange Tradition haben und auch flächendeckend in den Pfarreien in der Seelsorge eingesetzt werden. Und doch musste ich schmerzlich erfahren, dass ich mit dem, was ich an Ausbildung und Fähigkeiten, an Herzblut und an Berufung mitbringe, letztlich angewiesen bin auf den leitenden Pfarrer vor Ort: was er mir zugesteht. Dabei geht es nicht um Dinge, die nicht rechtens oder nicht üblich wären. Von Personalverantwortlichen habe ich immer wieder gehört, dass da nichts zu machen sei, wenn der Pfarrer das in seiner Leitungsrolle so entscheidet. Ich bin der Entscheidungshoheit des leitenden Pfarrers in gewisser Weise „ausgeliefert", ich kann Glück haben wie viele andere Kollegen und Kolleginnen – oder eben auch Pech. Letztlich haben Kleriker die Macht zu entscheiden, was mir als Frau, die eine theologische und pastoral-praktische Ausbildung, aber nur eine bischöfliche Beauftragung und Sendung hat, zu tun zusteht. Und ich glaube nicht, dass es daran liegt, dass ich meine Sache nicht gut machen würde.

Macht kann man nutzen, um andere zu ermächtigen! Man kann Macht aber auch nutzen, um andere kleinzuhalten und die eigene Machtposition auszubauen!

Anonym

17 Bis zur Bistumsgrenze qualifiziert!

Mit einem ausgezeichneten Diplom in Katholischer Theologie hatte ich die Voraussetzungen erfüllt, um nach einer weiteren praxisbegleitenden Ausbildungsphase als Pastoralreferentin zu arbeiten. Doch zog ich nach unserer Heirat mit meinem Mann in sein Heimatbistum, wo er das Angebot einer Arbeitsstelle in kirchlicher Trägerschaft annahm. Dort meldete ich mich beim zuständigen Personalreferat, um die nächsten Schritte zu besprechen, und hörte, dass Diplomtheologen aus anderen Bistümern nicht in den Pastoralkurs aufgenommen würden. Nach drei bis vier Jahren könne ich wieder anfragen.

Dies tat ich und ließ mir sagen, die Lage habe sich nicht verändert. Diplomtheologen aus anderen Bistümern würden nicht übernommen. Auch sei es unvorstellbar, die Ausbildungsphase bis zur zweiten Dienstprüfung in Teilzeit zu absolvieren – ich hatte in der Zwischenzeit zwei Kinder bekommen. Vielleicht sei es aber mit meiner familiären Situation vereinbar, in der Erwachsenenbildung als Referentin zu arbeiten. Ich erkundigte mich und begann als Referentin in der religiösen Erwachsenenbildung und in der Begleitung von Ehrenamtlichen. Da das Bistum hierfür weder eine Ausbildung noch eine Begleitung anbot, finanzierte ich qualifizierte z. T. mehrjährige Fortbildungen selbst.

In dieser Zeit erfuhr die kategoriale Seelsorge zunehmendes Interesse. Die Bistumsleitung legte hauptamtlichen MitarbeiterInnen nahe, in diesen Bereichen Schwerpunkte zu setzen. Auch wurden für diese Aufgaben zusätzliche Stellen geschaffen, bzw. MitarbeiterInnen stundenweise freigestellt.

Nach mehrjähriger Erfahrung im Bildungsbereich und ehrenamtlicher Arbeit in der Pfarrei und im Dekanat bewarb ich mich um eine der ausgeschriebenen Stellen. Nach mehr als einem halben Jahr und mehreren Nachfragen lud mich der Personalreferent zum Gespräch ein. Es lag keine weitere Bewerbung für diese Stelle vor. Leider fehle mir jedoch die zweite Dienstprüfung als Pastoralreferentin. Er habe deswegen bei der Berufsgruppe der GemeindereferentInnen angefragt. Hier lehne man jedoch DiplomtheologInnen aufgrund ihrer „Überqualifizierung" ab. Ein theologisches Diplom entspreche nicht dem Berufsbild einer GemeindereferentIn. Er könne sich jedoch vorstellen, mich zur Mitarbeit mit halber Stelle einzustellen.

Nach mehreren weiteren Gesprächen erhielt und unterzeichnete ich einige Monate später einen Arbeitsvertrag als Diplom-Theologin über eine 50 %-Stelle. In den acht Jahren meiner Tätigkeit zeichnete sich immer deutlicher ab, dass pastorale Planstellen über längere Zeit unbesetzt blieben. Auch im Hinblick auf meine zu erwartende Rente bat ich um eine Ausweitung meiner Stundenzahl.

Diesmal hielt man mir im Personalreferat entgegen, dass derartige Stellen nicht aufgestockt würden, im Gegenteil, man wolle diese abbauen. Leider sei ich bisher keiner Berufsgruppe zugeordnet. Trotz meiner theologischen Ausbildung sei eine Aufnahme in den Pastoralkurs als Pastoralassistentin aus Altersgründen nicht mehr möglich. Er müsse eine jüngere Kollegin entlassen, wenn er mich aufnehmen wollte, erklärte mir der Diözesanreferent, ob ich das verantworten wolle.

Nach wochenlangem Tauziehen bot die Diözesanreferentin der GemeindereferentInnen an, eine dreijährigen Assistenzzeit und die zweite Dienstprüfung als Gemeindereferentin zu absolvieren. Wo bisher von Überqualifizierung die Rede war, sprach man jetzt von nicht anschlussfähiger Qualifizierung. Mehrere Jahre Berufserfahrung in der pastoralen Arbeit und zertifizierte Fortbildungen könne man dabei nicht anerkennen.

Das Angebot war die Bedingung für eine Übernahme auf eine Vollzeitstelle. Damit verbunden war eine neue Eingruppierung, vermindert um 3, bzw. schließlich 2 Entgeltstufen.

Ich fragte nach, ob diese „Abstufung“ rechtens sei, und erhielt die Antwort, dass der Arbeitgeber so vorgehen könne, da mir ja eine Ausweitung der Stundenzahl um 50 % und die Übernahme in eine auch zukünftig sichere Arbeitsstelle in Aussicht gestellt werde. Es war nicht schwer, den Schachzug zu verstehen: Es gab in weniger beliebten Gegenden des Bistums langfristig unbesetzte Stellen. Eine davon konnte so kostengünstig besetzt werden.

Um die berufliche Unsicherheit zu beenden, ging ich auf das „Angebot“ ein. Die angekündigten drei Jahre Assistenzzeit wurden für mich kurz darauf auf zwei Jahre gekürzt.

Kurz nach dem Ende der Assistenzzeit erfuhr ich von KollegInnen: Sie waren in annähernd gleichem Alter, in dem ich gewesen war, als DiplomtheologInnen nach einer vorherigen Anstellung in die Assistenzzeit als PastoralreferentInnen eingestiegen oder sogar ohne Assistenzzeit in die Berufsgruppe der PastoralreferentInnen aufgenommen worden.

Zum Vergleich: Klerikern, die sich strafbar gemacht hatten, wurde ohne gravierende Auswirkungen auf Status und Gehalt eine neue Stelle in einem anderen Bistum angeboten.

Für mich als Laientheologin bedeutete der Wechsel in das Bistum, in dem mein Mann arbeitete, einen Bruch in meiner beruflichen Laufbahn mit schwerwiegenden nicht nur finanziellen Folgen.

Anonym

18 Katholische Macht im Alltag

Die Kreise Vechta und Cloppenburg gehören kirchenrechtlich seit dem 16. Jahrhundert zum Bistum Münster, vertreten durch das Offizialat in Vechta. Die Gegend war ein Armenhaus, mit schlechten Ackerböden und wenig Infrastruktur und für den Herzog in Oldenburg völlig uninteressant. Die Familien waren sehr kinderreich, Wohlstand bemaß sich nach der verfügbaren guten Ackerfläche und Bildung gab es höchstens für den kirchlichen Nachwuchs.

Umgeben von Mooren und „evangelischen" Siedlungen und unterstützt durch entsprechende Predigten in den Kirchen verinnerlichten die Menschen, dass nur das Katholische der richtige Weg sei, sie standhaft bleiben und sich vor „Ketzern und Heiden" aus den umliegenden Gebieten hüten mussten. Das Kirchenjahr, der Katechismus und die Riten und Traditionen daraus, bestimmte alle Lebensbereiche. Es gab ein umfassendes Wertegerüst, an das sich unter dem strengen Auge der örtlichen Geistlichkeit gehalten werden musste und wurde.

Gravierende Umwälzungen dieser Wertewelt gab es erst nach dem 2. Weltkrieg. Evangelische Flüchtlinge kamen in nennenswertem Umfang, siedelten in den Orten und bauten eigene Kirchen. Unterstützt durch Agrarpolitik aus Brüssel, die weitreichende Liberalisierung und die Bildungsreform der SPD geführten Bundes- und Landesregierungen gab es in den folgenden Jahrzehnten einen massiven wirtschaftliche Aufschwung und nie dagewesenen breiten Wohlstand. Erst dann wurde die bis dahin gottgegebene Macht der katholischen Kirche überhaupt wahrgenommen. Einige Erlebnisse in den 80er Jahren ärgern mich noch heute.

Es gab einen sogenannten Heimatpriester, der vom Bistum aus irgendwelchen Gründen nirgends mehr eingesetzt werden konnte und in seiner Heimatgemeinde als Seelsorger für die älteren Menschen „eingesetzt“ wurde. Allgemein hieß es nur, dass bei ihm etwas nicht mehr richtig im Kopf sei – ein schräger Vogel, der sich noch völlig in der alten Welt wähnte. Aber er war nicht nur ein Priester, sondern auch noch der Sohn des ehemaligen Lehrers der „Alten“, also doppelt mächtig. Die Babyboomer-Generation der Gemeinde blieb erstmals in Massen dem Gottesdienst fern, wenn er Dienst hatte.

Er hatte sich irgendwann in den Kopf gesetzt, auf dem alten Friedhof neben der Kirche eine Herz-Jesu-Kapelle zu bauen. Die hauptamtlichen Geistlichen der Gemeinde fanden die Idee auch gut, so war er beschäftigt und kam ihnen nicht mehr in die Quere. Mit Hilfe von Spenden (und vermutlich auch Erbschaften der von ihm seelsorglich betreuten Alten) sollte das ganze finanziert werden. Meine früh verstorbene Großmutter war noch auf diesem Friedhof begraben und meine Mutter konnte nicht fassen, dass sie wie auch andere noch lebende Angehörige dazu nicht angehört wurde. Sie wagte aber nicht öffentlich dagegen anzugehen und schimpfte, wie so viele, nur im privaten Bereich. Er muss sehr viel Geld gesammelt haben, denn es wurde quasi eine kleine Kirche neben der großen gebaut.

Ein anderes Thema waren natürlich auch bei uns die überkonfessionellen Ehen. Meine Cousine wollte Ende der 80er ihren protestantischen Freund in der evangelischen Kirche heiraten. Ihre Mutter intervenierte massiv und erklärte, an der Hochzeit nicht teilzunehmen. Die Hochzeit fand daraufhin nur standesamtlich in kleinstem Rahmen ohne ihre Familie statt. Meine Schwester und ich hatten den Vorteil, einen katholischen Priester als Onkel zu haben, der seit Jahrzehnten in der oldenburgischen Diaspora seine Pfarrei hatte und nichts gegen eine ökumenische Trauung. Meinem Vater war damit der Wind aus den Segeln genommen.

Dieser Onkel blieb für uns zu allen kirchlichen Angelegenheiten für die Familie der einzig akzeptable Geistliche. Als er vor ein paar Jahren starb, hatte meine Schwester beim Offizialat angefragt, ob die Kirche in irgendeiner Form die Bestattung organisiere. Sie bekam zu hören, dass das von den Angehörigen übernommen würde. Sie wies auf die Widersprüchlichkeit hin, bliebe der katholische Priester doch per Order ohne Familie. Darauf war man dort noch gar nicht gekommen und etwas irritiert. Schließlich übernahmen wir die Organisation, doch der Weihbischof hielt das Seelenamt und verteilte überdies an die protestantischen Familienmitglieder das Abendmahl. Immerhin.

Für die katholische Kirche stand Jahrhunderte lang nicht der einzelne Mensch und Gläubige und schon gar nicht die Frauen im Mittelpunkt, sondern ausschließlich die Sicherung der Pfründe für die Kirche und ein angenehmes und sorgenfreies Leben des Klerus. Mit z. T. brutalem Druck und Einschüchterungen wurden die Menschen im Alltag bei der Stange gehalten. Es ist beängstigend, dass das in Teilen heute noch funktioniert.

In den 50er war meine Mutter und ihre Geschwister durch das selbstherrliche Gehabe des Klerikers höchstens irritiert. In den 80ern suchten meine Geschwister und ich sowie unsere Vettern und Cousinen kopfschüttelnd eigene Wege im kirchlichen Kontext und distanzierten sich zunehmend von dem weltfremden Machtgehabe. Die Generation unserer Kinder hat sich weitgehend abgewandt und kann sich über die religiöse Bindung ihrer Ahnen meist nur noch wundern.

Anonym

II
Missbrauch durch fehlenden Gestaltungswillen

19 Wie die Angst weiter lähmt – zu Risiken und Nebenwirkungen kirchlicher Macht

Als ich von dem Buchprojekt erfahren habe, war ich sofort sehr interessiert. Und dankbar, dass sich engagierte Menschen dieses Themas endlich annehmen. Schnell habe ich mich entschieden, meine Erfahrungen mit anderen zu teilen. Doch dann tauchen „finstere Wolken“ auf …

Mir war sofort klar, worüber ich konkret schreiben wollte: Meine Erfahrungen während einer Weiterbildung. Gleichzeitig fiel es mir zunehmend schwer, mir die Erlebnisse wieder zu vergegenwärtigen. Nicht, weil sie schon lange her sind, sondern weil sie mich damals sehr belastet haben – und es heute noch tun.

Damals hatte ich schon viele Jahre Berufserfahrung in der Seelsorge.

In der ersten Version meines Beitrags wollte ich detailliert davon erzählen, wie sich schon früh Zweifel an der Verschwiegenheit einer/eines Supervisors*in ergeben, die sich tatsächlich bestätigen. Und wie mir in der Folge vorgeworfen wird, mich vor bestimmten Dingen zu drücken, wenn ich aufgrund meiner Zweifel nun nicht mehr „alles“ preisgebe. Ich wollte einen Dialog schildern, in dem der/die Supervisor*in beharrlich die eigenen Gefühle auf mich zu projizieren versucht, obwohl ich – nach gewissenhafter Selbstreflexion – ruhig, gelassen, klar und überzeugt widerspreche.

An anderer Stelle will mich jemand ad hoc aus einer Arbeitsgruppe hinauswerfen: „Da ist die Tür. Raus!“ Warum? Weil ich dieser Person ihre eindeutig manipulative Übergriffigkeit präzise widerspiegele.

Ein Missverständnis unter Kolleg*innen wird von dritter Seite eskaliert mit einseitiger Schuldzuweisung und ultimativer Aufforderung an mich, mein Verhalten öffentlich

„zu bereuen“. Später wird dies in meiner Abwesenheit erneut thematisiert und mündet in einer öffentlichen Demütigung und symbolischen „Liquidierung“ meiner Person.

Auch wollte ich Konkretes erzählen von einem vermeintlich vertraulichen Gespräch, das ich mit einer kirchlichen Leitungsperson geführt habe – mit der Bitte um Unterstützung in den beschriebenen Fällen. Ohne Erfolg. Ob mein Hilferuf irgendwo aktenkundig wird oder „im Nebel“ bleibt, ist mir nicht bekannt.

Diese und andere Erfahrungen bringen mich zunehmend an den Rand echter Verzweiflung. Aufgefangen und gestärkt werde ich allein durch Familie, Freund*innen, meinen Geistlichen Begleiter – und durchs Gebet.

Damals hatte ich große Angst, existenzielle Angst: vor beruflichen Folgen, vor rechtlichen Konsequenzen, vor weiteren Verletzungen, vor einem Zusammenbruch und auch davor, ernsthaft und dauerhaft krank zu werden. Werden mein Glaube und meine Gottesbeziehung mich tragen?! Als ich angefangen hatte, die ursprüngliche Version zu schreiben, kam diese Angst wieder hoch und führte zu einem „Brechreiz“. Und es kam neue Angst hinzu: Was ist, wenn die erwähnten Personen sich selbst trotz Anonymisierung wiedererkennen? Wenn sie mich identifizieren? Einige von ihnen bekleiden nach wie vor Leitungsämter in der Kirche, haben Einfluss, sind gut vernetzt, könnten mir das Leben und Arbeiten schwer machen …

Die Angst hat wieder einen Sieg davongetragen. Diesmal. Noch.

Also habe ich diese zweite Version geschrieben. Ich blicke einer möglichen Veröffentlichung voller Gottvertrauen entgegen. Ich stehe zu dem, was ich geschrieben habe.

Neben bis heute nachwirkenden negativen Gefühlen treibt mich immer wieder die Frage um: Warum konnte ich nicht noch mehr aufbegehren und Widerstand leisten?!

Warum war/ist die Angst so groß, die Ohnmacht so lähmend?

Erst durch das Buch „Spiritueller Missbrauch in der katholischen Kirche“ (Doris Wagner, Freiburg 2019) habe ich das Erlebte etwas besser verstehen können und erstmalig einen prägnanten *Begriff* für das Toxische gefunden, das Menschen – leider Gottes – auch im Raum der Kirche erfahren: „Spiritueller Missbrauch“. Zum Thema „Sexualisierte Gewalt“ gibt es mittlerweile einiges an Prävention und Intervention. Aber zu den Themen „Spiritueller Missbrauch“ bzw. „Manipulative Machtausübung in der Kirche“ fehlen weitgehend Hilfsangebote. Hoffentlich kann dieses Buch einen Anstoß geben und einen wesentlichen Beitrag dazu leisten. Vielleicht entstehen in der Folge sogar neue „eckige Tische“, an denen sich Betroffene zusammenfinden, kennenlernen, austauschen und Mut schöpfen …

Die erwähnten Personen von damals haben es nicht geschafft, mir den Glauben auszutreiben – Gott sei Dank! Und die Kirche ist und bleibt meine Heimat, beruflich wie privat. Die Frohe Botschaft ist für mich und in mir lebendig und kann jede Ohnmacht besiegen.

Gerne möchte ich mich Doris Reisinger (geb. Wagner) anschließen, wenn sie davon spricht, warum sie eines der biblischen Bilder am meisten liebt: „Es ist das [Bild] vom jüngsten Gericht. Wenn alle Menschen, die jemals auf dieser Welt gelebt haben, vor Gott treten. Wenn die, die nur Elend und Not gekannt haben, … ihr Leben zurückbekommen – und was für ein Leben! Und wenn die … Übeltäter … vor Gottes Angesicht treten müssen … Wenn sie begreifen müssen, was sie getan haben – und was Gott wiedergutgemacht hat, sodass auch ihnen endlich vergeben werden kann. Als Letztes, am Ende der Weltgeschichte. Ich wünsche, dass das mehr ist als ein Bild. Ich jedenfalls möchte meine Täter zwar auf Erden nicht mehr wiedersehen. Aber ich hoffe, ihnen jenseits der Geschichte als erlösten Menschen wieder zu begegnen. Ich wünsche ihnen den Himmel." (Dies., Von der Last ein Opfer zu sein, oder: Von der Unmöglichkeit zu vergeben, in: Lebendige Seelsorge 3/2019, 166)

Anonym

20 Mobbing ohne Ende

Nach Theologiestudium und Ausbildung zum Pastoralreferent arbeitete ich sieben Jahre in der Gemeindeseelsorge und war für Jugend- und Erwachsenenbildung zuständig. Anschließend absolvierte ich die klinische Seelsorgeausbildung und wurde Klinikseelsorger im Zentralklinikum einer Großstadt. Laut meiner Arbeitsumschreibung bin ich gleichberechtigter Mitarbeiter meines Priesterkollegen. Der Seelsorgeetat steht mir zur Hälfte zu, der Dekan ist unser Dienstvorgesetzter. Trotzdem stellt mich mein Priesterkollege den evangelischen KollegInnen (ein Pfarrer und drei Pfarrerinnen) sowie dem Klinikpersonal als „seinen Assistenten" vor. Mein Einwand, dass ich nicht „sein Assistent" sei, übergeht er und behandelt mich von Beginn unserer Zusammenarbeit an als seinen „Handlanger". Er wünscht, dass ich für all seine Gottesdienste regelmäßig den Altar herrichte, im Andachtsraum für den Blumenschmuck sorge, in seinen Messen die Lesung übernehme, kurzum den Lektoren-, Ministranten- und Messnerdienst verrichte und dazu noch die Kirchenlieder auf dem Harmonium begleite. Als ich dies ablehne, werde ich von ihm bei sämtlichen Priesterkollegen im Dekanat und auch bei unserem ökumenischen Seelsorgeteam im Krankenhaus als renitent dargestellt mit der Behauptung, man könne mit mir nicht zusammenarbeiten.

Auf Rücksprache mit dem zuständigen Personalreferenten im Bischöflichen Ordinariat erklärt mir dieser, dass ich meine Rechte gegenüber meinem Kollegen selbst einfordern und dieses Problem eigenständig lösen müsse. Doch mein Priesterkollege lehnt jegliche Diskussion über die Art und Weise unserer Zusammenarbeit kategorisch ab. Auch über unseren Seelsorgeetat verfügt er eigenmächtig, so dass ich nicht über meinen Anteil eigenverantwortlich verfügen kann. Die Arbeitsumschreibung meiner Dienststelle, die mir vom Bischöflichen Ordinariat ausgehändigt wurde, ist demnach nicht das Papier wert, auf dem sie geschrieben steht.

In unserem ökumenischen Seelsorgeteam übernehmen die evangelischen KollegInnen selbstverständlich die Ansichten des Priesters und behandeln mich, als ob ich mir die Rechte eines Pfarrers anmaßen wolle. Sie akzeptieren auch nicht, dass der Dekan mein Vorgesetzter ist und nicht dieser Priester. Um mir zu zeigen, dass auch sie eine mir übergeordnete Position haben, versuchen sie mir bei unseren ökumenischen Teamsitzungen ständig Aufgaben zu diktieren. Da sie untereinander sehr uneins sind und sich gegenseitig nicht vertreten wollen, fordern sie von mir, dass ich für sie die Urlaubsvertretung übernehme und in dieser Zeit auch ihre PatientInnen besuche. Gleichermaßen soll ich ihre Gottesdienste übernehmen, wenn sie sich gegenseitig bei ihren Aufgaben nicht aushelfen können oder wollen. Deshalb fordern sie unisono vehement meine „ökumenische" Mitarbeit ein. Sosehr sie sich gegenseitig bekämpfen, in diesem Punkt sind sie sich einig: Sie wollen, dass ich bei jeder Gelegenheit für sie einspringe. Umgekehrt lehnen sie es ab, im Gegenzug mir in gleichartigen Aufgaben auszuhelfen.

Da ich von meinem Priesterkollegen und meinen Vorgesetzten keinerlei Rückhalt bekomme, bleibt mir nichts anderes übrig, als auf ihre Wünsche jedes Mal einzugehen.

Kommt es gelegentlich aber vor, dass ich ihre Sonderwünsche wegen einer bereits eingegangenen Verpflichtung nicht erfüllen kann, beschweren sie sich bei meinen Vorgesetzten und behaupten, dass ich mich unkollegial verhalte und bisweilen die „ökumenische" Zusammenarbeit verweigere. Lange Zeit erfahre ich von diesen Beschwerden, die allesamt hinter meinem Rücken erfolgen, nichts, da mich meine Vorgesetzten nicht darüber in Kenntnis setzen.

So nach und nach werde ich zum Sündenbock für all ihre Fehler und Versäumnisse erklärt, wenn beispielsweise PatientInnen sich beschweren, weil die evangelischen KollegInnen mal wieder einen Gottesdienst vergessen und nicht gehalten haben. Auch wenn PatientInnen sich beklagen, dass sie von den evangelischen KollegInnen keinen Besuch bekamen, werde ich von ihnen als derjenige benannt, der sie nicht besucht habe, obwohl ich als katholischer Seelsorger für die evangelischen PatientInnen gar nicht zuständig bin. Als mir diese hinterhältige Verleumdungskampagne zu Ohren kommt, stelle ich sie zur Rede. Sie streiten alles ab und beschuldigen mich, ich würde hier etwas aufbauschen, was nicht der Realität entspreche. Meine Vorgesetzten setze ich über diese Vorfälle schriftlich in Kenntnis. Ein klärendes Gespräch erfolgt jedoch nicht.

Somit werde ich mehr und mehr zum Mobbing-Opfer meiner Kolleginnen und Kollegen, einen Rückhalt von meinen Vorgesetzten erhalte ich nicht. Zunehmend muss ich feststellen, dass auf unserem gemeinsamen Anrufbeantworter Anrufe, die mich betreffen, gelöscht werden, so dass ich meine PatientInnen nicht mehr ordnungsgemäß besuchen kann. Auch Besuchswünsche, die schriftlich in unsere Briefkästen geworfen werden oder mündlich über meine KollegInnen mir übermittelt werden sollen, geben sie nicht an mich weiter, so dass ich den Besuchswünschen vieler PatientInnen nicht mehr nachkommen kann. Das alles erfahre ich aber immer erst im Nachhinein nur zufällig von den PatientInnen, wenn ich sie bei meinen täglichen Routinebesuchen auf den Krankenstationen antreffe.

Jahrelang versuche ich, ein Gespräch mit meinen Vorgesetzten über meine schwierige Lage zu bekommen, doch keiner geht darauf ein. Als die Mobbing-Attacken immer schlimmer werden, schildere ich meine aussichtslose Lage in einem langen Brief mit sämtlichen Missständen und schicke ihn ans Personalreferat im Bischöflichen Ordinariat und an meinen Vorgesetzten. Obwohl sie meine hilflose Situation erkannt haben, greifen sie nicht ein. Nach diesem Brief wird es schrecklicher denn je, denn meine Mobber haben ja nichts zu befürchten. Das ganze Ausmaß dieser nervenaufreibenden Mobbing-Geschichte konnte ich erst in meinem Ruhestand psychisch verarbeiten.

Bernhard Veil

21 Mitarbeiter der Freude

„Mitarbeiter der Freude" (2 Kor 1,24) zu sein, war mein Leitspruch, den ich mir für meine Diakonenweihe ausgesucht hatte. Seit vier Jahren war ich auf dem Weg: Den Grund- und Aufbaukurs Theologie sowie den pastoraltheologischen Kurs habe ich neben meinem Vollzeit-Job erfolgreich abgeschlossen. Viele Wochenenden und Wochen war ich im Rahmen der Ausbildung von meiner Familie getrennt gewesen. Während der Ausbildung hatte ich immer wieder positives Feedback und Bestätigung erhalten: von den Männern im Ausbildungskurs, von der Ausbildungsleitung und von den Ansprechpartner:innen im Bistum. Auch die Gespräche mit dem Bischof waren ausschließlich von Wohlwollen mir gegenüber geprägt gewesen.

Was dann passiert ist?

Wenige Wochen vor der Weihe gab es eine formale Ankündigung in meiner Heimatgemeinde. Darüber wurden die Weihekandidaten nicht informiert. Daraufhin gab es ein Schreiben von einem Gemeindemitglied, in dem es dem Bischof davon abriet, mich zu weihen.

Zwei Wochen vor der Weihe wurde ich, ohne Nennung von Gründen, zum Gespräch mit dem Personalchef des Bistums gebeten. Dort wurde ich erstmals von diesem Schreiben in Kenntnis gesetzt. Nachdem es mir kurz gezeigt wurde, sollte ich Stellung dazu nehmen. Da nur sehr allgemeine Aussagen, ohne konkrete Vorwürfe oder ein Fehlverhalten meinerseits aufgeführt waren, konnte ich dazu nicht viel sagen. Ohne mir die reale Chance für eine Verteidigung zu geben, wurde mir sofort vorgeschlagen, meine Weihe aufzuschieben. Da es für mich keine Gründe dafür gab, habe ich dies abgelehnt und um ein Gespräch mit dem Bischof gebeten.

Ohne dieses Gespräch abzuwarten, wurde mir bereits zwei Tage später schriftlich der Weiheaufschub mitgeteilt. Zudem schrieb der Bischof mir eine E-Mail, in der er nicht auf die Gründe einging, sondern sich hinter dem Kirchenrecht „versteckte“: „Wenn ungeachtet all dessen der Bischof aus bestimmten Gründen an der Eignung des Kandidaten für den Empfang der Weihen zweifelt, darf er ihm die Weihe nicht erteilen.“ (can. 1052 § 3)

Neun Tage vor meiner geplanten Weihe fand schließlich das Gespräch mit dem Bischof statt. Er nannte mir keine konkreten Gründe, warum meine Weihe nicht stattfinden könne. Trotz meiner wiederholten Nachfrage hat er mir seine Zweifel nicht erläutert, es wurde mir im Gegenteil als schlechter Charakterzug angekreidet. Zudem habe ich erfahren, dass die Bistumsleitung sich zu keinem Zeitpunkt bemüht hat, die „Vorwürfe“ zu verifizieren. Es fanden keine Gespräche mit meinem Ausbildungsleiter, meinem Heimatpfarrer oder auch anderen Personen, die mich kennen, statt. Meine Einschätzung, dass es sich bei dem Schreiben eindeutig um Mobbing handelt, hat der Bischof harsch zurückgewiesen. Das Thema Mobbing ist für ihn nicht existent. Außerdem habe ich in einem Nebensatz erfahren, dass der Weiheaufschub bereits vor dem ersten Gespräch mit dem Personalchef entschieden wurde. Die ganzen Gespräche waren also nicht vom Wunsch geprägt, den Sachverhalt zu klären, sie waren eine Simulation von Dialog.

Auf das Angebot meiner Mit-Diakonbewerber, den Weihetermin zu verschieben, um den Sachverhalt in Ruhe zu klären, hat der Bischof ablehnend reagiert. Er hat deutlich gemacht, dass diese sich nicht einmischen sollen.

So wurde ich also nicht geweiht. Niemand aus der Bistums- oder Pfarreileitung war ernsthaft daran interessiert, wie es mir und meiner Familie damit ging. In den darauffolgenden Wochen wurde von der Bistumsleitung abgelehnt, eine gemeinsame Kommunikation gegenüber der Gemeinde zu den Ereignissen und den nächsten Schritten durchzuführen. Um weiteren Schaden von meiner Person abzuwenden (es gab natürlich Gerüchte), war ich gezwungen, meine Sicht zu veröffentlichen.

In einem Gespräch mit dem Bischof nach ca. zwei Monaten wurde schnell klar, dass er kein Interesse an der Klärung der Nicht-Weihe-Gründe hat. Es ging einzig darum, den Ruf des Bischofs und der Personalleitung nicht zu beschädigen.

Leider musste ich ernüchtert feststellen, dass es keine Anzeichen gab, die Vorgehensweise des Bistums kritisch zu reflektieren. Nach vielen gemeinsamen Jahren werden die Weihe-Kandidaten „zum Abschuss“ freigegeben. Es gibt von Seiten des Bistums keine Anstrengungen, Vorwürfe zu objektivieren oder ein Gesamtbild zu meiner Person einzuholen. Alle Menschen, inklusive der Ausbildungsleitung, werden als parteiisch eingestuft, um die Sicht des Bischofs nicht reflektieren zu müssen.

Selbst nach einem Jahr reißt der doppelte Machtmissbrauch, den ich erfahren musste, die verursachten Wunden immer wieder auf: der durch die Struktur ermöglichte Machtmissbrauch von unten – jeder kann ohne Beweise mit Dreck schmeißen, da das System dies zulässt, sogar fördert; und der Machtmissbrauch von oben – ein Bischof kann einfach über alle Argumente hinweg, aufgrund von „Zweifeln", die er nicht darlegen oder begründen muss, entscheiden. Der/Die Missbrauchte hat keine Möglichkeiten sich zu verteidigen.

So wurde mir nachhaltig die Freude und die Möglichkeit der Mitarbeit geraubt!

Alexander Narr

22 Normalität Machtmissbrauch

Nein, ich kann nicht von dem einen Ereignis erzählen, bei dem sich Machtmissbrauch ganz offensichtlich zeigte. Und doch habe ich ihn unzählige Male in willkürlichen Entscheidungen von Priestern erlebt. Ich bin Theologin, denke in meiner Arbeit theologisch, pastoral von den Menschen und von Gott her: Wie kann ich das, was ich vom Evangelium verstanden habe, den Menschen weitergeben? Offen zu sein für den Menschen, dem ich gerade begegne, zugewandt, hörend, das sind für mich Grundhaltungen meines pastoralen Dienstes.

Ich arbeitete als katholische Klinikseelsorgerin in einem stark evangelisch geprägten Umfeld und es gab die Absprache mit den evangelischen Kollegen, stationsbezogen zu arbeiten. Damit war ich für mehrere Stationen und damit für alle Patient*innen mit ihren Angehörigen und dem Stationspersonal zuständig, ganz unabhängig von Konfession, Religion, Weltanschauung. Als ein junger Priester neu in die Stadtpfarrei kam, in der das Krankenhaus liegt, meinte er, ich solle doch bitte nur die Katholik*innen im gesamten Krankenhaus besuchen. Meine Argumente, dass eine stationsbezogene Arbeit viel sinnvoller sei, weil gerade Beziehungen auch zum Personal ganz wichtiger Teil der Arbeit sind und ich schlecht in ein Zimmer zu einem/r Kranken gehen und alle anderen ignorieren könne, konnte oder wollte dieser Priester nicht nachvollziehen. Es war kein Gespräch auf Augenhöhe möglich. Ich habe so weitergearbeitet wie bisher, diesem versuchten Machtmissbrauch keine Chance gegeben, aber nicht immer war das einfach.

An anderer Stelle erlebte ich, wie ein Priester eine Gemeindeassistentin im 1. Ausbildungsjahr beim 1. Elternabend zur Erstkommunion zwang, ihre Konzeption der Erstkommunionvorbereitung zu ändern, weil die Eltern die (sinnvollen) Neuerungen nicht wollten. Es gab kein: „Wir werden darüber noch mal in Ruhe nachdenken" oder gar „Wir haben das gut durchdacht und finden es aus diesen und jenen Gründen sinnvoll", sondern ein „Sie werden das ändern."

Selbiger Priester verweigerte sowohl ein regelmäßiges Dienstgespräch als auch eine Teamsupervision, als die Probleme überhandnahmen. Und er kam damit durch. Am Anfang dachte ich noch, er hätte einfach den Termin übersehen, den wir für unser erstes Dienstgespräch ausgemacht hatten, als er während einer PGR-Sitzung einen Termin genau zu diesem Zeitpunkt ausmachte. Ich wies noch während der PGR-Sitzung darauf hin. Das hätte ich vermutlich nicht tun sollen, denn der Priester, der aus einem anderen Kulturkreis kam, fühlte sich in seiner Ehre gekränkt. Weitere Termine wurden „vergessen“, andere Termine auf die vereinbarte Zeit gelegt oder ähnliches mehr. Erst später realisierte ich, dass auch andere davon betroffen waren, weil dieser Priester nicht sagen konnte, dass er schon einen Termin habe. Aber andere wagten nicht, ihn in der Öffentlichkeit deswegen zu kritisieren. Meine zunehmende Kritik führte dazu, dass wir nicht mehr gegrüßt wurden, sobald der Pfarrer ins Büro kam. Das Klima im Team wurde eisig. Die Mitarbeitervertretung riet mir, ein Protokoll zu erstellen. Sieben Seiten kamen zusammen, die ich an den Generalvikar schickte. Es wurde ein Klärungsgespräch vereinbart. Neben jenem Priester, dem Generalvikar und mir waren der Personalchef des Pastoralen Personals jenes Bistums sowie die Mentorin für die ausländischen Priester bei dem Gespräch anwesend. Eineinhalb Stunden dauerte das Gespräch. Einer Team-Supervision verweigerte sich der Pfarrer. Der Generalvikar sagte beim Abschied zu mir: „Frau A., wir bohren da dicke Bretter.“ Mich machte die Situation krank. Mehrere Wochen konnte ich nicht arbeiten, bis mir eine andere Stelle angeboten wurde. Die Kollegin, die sich noch in Ausbildung befand, konnte ebenfalls die Stelle wechseln. Der Pfarrer durfte bleiben. Jahre später wurde er übrigens in das Bistum als Weltpriester aufgenommen!

All diese Beispiele sind nur kleine Mosaiksteine des Gesamten. Das Machtgefälle in der katholischen Kirche wird immer dort spür- und sichtbar, wo Priester ihre Stellung ausnutzen, weil sie es können, ohne auf die Menschen zu achten, die es betrifft. Und da die Kirche keine demokratischen Strukturen hat, gibt es keine Möglichkeit, dagegen anzugehen. Es hat wehgetan miterleben zu müssen, dass im Zweifelsfall der Priester am längeren Hebel sitzt. Ich bin verzichtbar. Er nicht.

Anonym

23 Mitarbeit ja, aber bitte nur in zweiter Reihe!

Als ich anfing, in der Pfarrei bei Gottesdiensten mitzuhelfen und diese mitzugestalten, fiel mir auf, wie oft von oben und unten die Rede war. Als Lektorin und Kommunionhelferin war mein Platz im Altarraum, also „oben". Alle anderen saßen „unten". Sosehr ich die Nähe zum Geschehen mochte, so unwohl fühlte ich jedes Mal, dass das auch bedeutete, „oben" teilzunehmen und nicht mit allen zusammen. Was für ein Bild von Gemeinde!

Zu dieser Zeit war ich Lehrerin an der örtlichen Grundschule und unterrichtete auch das Fach Religion. Im Laufe der Zeit ergab es sich, dass ich mehr und mehr bei der Vorbereitung auf die Erstbeichte und Erstkommunion in der 3. Jahrgangsstufe mitarbeitete. Die Gemeindereferentin, der Kaplan und ich entwickelten Konzepte für die Gottesdienste mit den Kindern und Familien am Sonntag, für den Schülergottesdienst am Mittwochnachmittag und für Morgengebete im Advent und in der Fastenzeit vor der Schule, Erstbeichtnachmittage, thematische Abende mit den Eltern usw. Mehr und mehr wurde ich zu einem Bindeglied zwischen Schule und Pfarrei. Viele Eltern kamen zu Gesprächen und erzählten mir von ihren Erfahrungen (und Verletzungen und Enttäuschungen) in der Kirche. Das ging einige Jahre gut.

Irgendwann fing die Mesnerin an, meinen Part kritisch zu sehen. Ihre Aussage: Die Frau A. verdrängt die Priester.

Am frühen Pfingstmontagmorgen, als ich zusammen mit dem Kaplan mit Pfarreiangehörigen zu einer Israelreise aufbrach, versammelte sich die Reisegruppe zum Reisesegen im Altarraum der Kirche. Da ich diesen kurzen Wortgottesdienst leitete, saß ich in der Mitte und damit auf dem sog. Priestersitz. Was mir nach Meinung der Mesnerin nicht zustand.

Von da an hatte ich es schwer. Sie weigerte sich, Sachen vorzubereiten, wenn ich etwas für die Gottesdienste benötigte, versteckte Sachen, versperrte die Sakristei, sodass ich nicht hineinkonnte usw. Der Pfarrer sagte dazu: nichts. Er hörte sich zwar an, wenn ich ihm berichtete, was ich erlebte, nahm dazu aber nicht Stellung. Unklar ist mir bis heute, ob der Pfarrer die Ansicht der Mesnerin teilte oder ob er sich ihr nicht entgegenstellen wollte oder konnte.

Irgendwann wandte sich die Mesnerin an den Pfarrgemeinderat und die Kirchenverwaltung und verlangte, dass ich aufhörte mitzuarbeiten. Der Pfarrer zuckte hilflos mit den Schultern, meinte, ich könne ja die Dinge tun, die nicht in der Kirche stattfänden, und bei den Gottesdiensten „unten" sitzen. Irgendwann würde es sich schon wieder einrenken.

Ich glaube nicht, dass er meine Entscheidung, stattdessen meine Mitarbeit ganz zu beenden, nachvollziehen konnte und verstanden hat. Er nahm es als etwas, was er auf sich zu nehmen und auszuhalten habe.

Es gibt viele Erfahrungen, für die ich sehr dankbar bin und die ich innerhalb dieser Kirche gemacht habe. Nicht nur einmal stand ich vor der Frage „Gehen oder bleiben?". Austreten will ich (noch?) nicht. Wo ist dann Heimat? Andererseits merke ich mehr und mehr, wie enttäuscht, verletzt und frustriert ich bin, wie ich mir kaum mehr vorstellen kann, dass sich durch so etwas wie den Synodalen Weg etwas ändern wird.

Anonym

24 „Das brauchen wir nicht, wir haben den Heiligen Geist!"

Mehrfach habe ich versucht, diesen Beitrag zu schreiben, und jedes Mal wieder abgebrochen. Es ist mir sehr schwergefallen, die Erfahrungen ans Licht zu holen und anzuschauen. Endlich bin ich so weit, dass ich lerne, so damit zu leben, dass mich die Erinnerungen nicht mehr ständig belasten. Die Anfrage für das Buch hat dasselbe Ohnmachtsgefühl wie damals ausgelöst. Seitdem ist eine Zeit vergangen, in der ich die Erlebnisse nochmals erzählt, vor mich hingestellt und wieder abgelegt habe. Immer ist der Rückblick verbunden mit einer Selbstrechtfertigung, dass ich doch nicht schuld bin an dem, wie es letztlich war. Oder mit dem Gedanken, dass ich weniger empfindlich sein, mich besser behaupten oder einfach mehr aushalten sollte. All diese inneren Dialoge führen in eine Endlosschleife, die mir zeigt, wie sehr mich diese heillose Machtausübung mit eigenen Ohnmachtserfahrungen beeinträchtigt und sich in mir festgesetzt hat. Ich werde keine Details ausbreiten, obwohl mir Anonymität zugesichert wurde.

Den Missbrauch von Macht habe ich im Leben auf verschiedene Weise erlebt. Er war männlich und weiblich, im ehrenamtlichen Engagement und auch in einer geistlichen Gemeinschaft.

Der erste hatte für mich das schmerzliche Ende eines begeisterten, langjährigen Einsatzes in einer Pfarrei mit einem großen Beziehungsnetz und bis dahin hoher Anerkennung zur Folge. Nur wenig tröstlich war, dass ich nicht die Einzige war, der das an diesem Ort und durch diesen Pfarrer passiert ist. Mir wurde ein konstruierter Loyalitätsmangel unterstellt und letztlich die weitere ehrenamtliche Mitarbeit in der Pfarrei untersagt. Gesprächsversuche, auch gemeinsam mit Vermittlern, blieben ergebnislos. Die Gottesdienstteilnahme sei mir aber natürlich weiterhin gestattet. Ich war diejenige in der Pfarrei, an die sich die Menschen mit Sorgen und Schwierigkeiten wandten. Nicht an den hauptamtlichen Pfarrer. Ich übernahm, was er nicht bewältigte. „Geistlicher Neid" war die nüchterne Feststellung eines Supervisors. Die Person zu entsorgen, die Probleme anspricht und löst, war leichter, als die Probleme selbst anzusehen und anzugehen. Nicht nur bei mir, auch bei anderen. Es hat viele Jahre gedauert, bis ich diese Kirche, die meine Heimat gewesen war, wieder betreten konnte. Es war fast, wie exkommuniziert zu sein …

Eine weitere sehr schmerzhafte Erfahrung wartete auf mich in einer geistlichen Gemeinschaft. Zur Oberin war bereits vor meiner Ankunft die einzige jüngere, kräftigere Schwester gewählt worden – unabhängig von ihrer Eignung für diese Position, denn eine andere Schwester, die dieses Amt noch hätte übernehmen können, gab es nicht. Ich hatte eine geistliche Gemeinschaft für mehr religiösen Austausch und einen gemeinsamen geistlichen Weg gesucht. Als Neuling konnte und wollte ich es zuerst nicht wahrnehmen, was sich da an Schwierigkeiten bereits im Vorfeld angebahnt hatte. Trotz allem glaubte ich an neue Wege, von denen viel gesprochen wurde. Als ich dann vorsichtig und wohl überlegt und im Beisein einer alten Schwester bei der Oberin manche Probleme ansprach, wurden sie nicht gehört und im Anschluss vergessen. Später, bei einer Entscheidungsfindung, kam es zu einem Konflikt. Für das Konfliktgespräch bat ich um eine geeignete Gesprächsführung bzw. Mediation von außen. Die ablehnende Antwort der Oberin war: „Das brauchen wir nicht, wir haben den Heiligen Geist." Unter anderem gab es auch eine Diskussion, wie der Begriff des Gehorsams heute zu verstehen sei. Die Oberin bestand auf ihrer Ansicht, dass sie den Willen Gottes vertrete. Im Kontext absurd und spiritueller

Missbrauch. Natürlich bin ich ausgetreten. Aber der Abschied war unbeschreiblich traurig und schmerzt bis heute, hatte ich doch so viele der Schwestern sehr liebgewonnen.

Im Rückblick, aus der Distanz, kann ich bei beiden Erfahrungen sagen: Das Problem der missbräuchlich eingesetzten Macht entsteht oft, wenn die/der Betreffende weder die menschliche noch die fachliche Kompetenz mitbringt, Menschen zu führen, und versucht, diesen Mangel durch autoritär ausgeübte Machtbefugnis zu kompensieren.

Anonym

25 Meine Vergangenheit lässt mich nicht los

Ich erlebte mehrere Jahre sexuellen Missbrauch als Ordensschwester durch die Ordensoberin, der bis heute Spuren, seelische Wunden hinterlassen hat.

Nach 15 Jahren Ordenszugehörigkeit habe ich es, unterstützt durch glückliche Umstände, geschafft, aus dem Orden auszutreten – obwohl mich die Oberin in eine Medikamentenabhängigkeit getrieben hatte, die mich halbwegs willenlos gemacht hatte. Mein verzweifelter Versuch, da mit einem kalten Entzug herauszukommen, war zwar erfolgreich, gehört aber zu den schrecklichsten Wochen meines Lebens. Den Grund des erlebten Missbrauchs gab ich damals nicht als Austrittsgrund an und konnte dies auch nicht. Ich hatte Angst, die Wahrheit zu sagen. Angst, dass mir nicht geglaubt wird, dass ich als junge Ordensschwester für nicht glaubwürdig gehalten werde. Auch hätte mir die Vorgesetzte, die mich missbrauchte, Schwierigkeiten gemacht, da ich den Antrag, aus den Orden auszutreten, bei ihr stellen musste.

Ich suchte Gerechtigkeit. Ich wollte die Wahrheit sagen dürfen und nicht mit der Lüge leben müssen. Mit dieser

Lüge lebte ich 32 Jahre, bevor ich Kontakt zu einer ehemaligen Mitschwester aufnahm. Sie war die nachfolgende Ordensoberin. Es gab unter anderem noch Formalitäten zu klären – Rentenversicherung.

Demütigungen waren die Reaktion der Schwester, als ich ihr den Austrittsgrund nannte. Meine alte Angst, wenn ich die Wahrheit sage, warum ich den Orden verlassen habe, hatte sich bestätigt. Die Wahrheit wollte der Orden nicht wissen.

Sie haben ihr System – und in dieses passt meine Aussage nicht hinein.

Die Schwestern hatten selbst einen Austrittsgrund für mich gefunden, indem sie mir etwas unterstellten (Schuld an wirtschaftlichen Schwierigkeiten in einem ihrer damaligen Werke), was ich nicht verursacht hatte und als junge Schwester auch gar nicht verursachen konnte.

Sie aber hatten eine Schuldige ausgemacht und daran hielten sie fest. Es kam zu mehreren Telefonaten mit der ehemaligen Mitschwester, in denen ich die Wahrheit, nämlich den sexuellen Missbrauch benannte, den ich mehrere Jahre erlebt hatte, und in denen ich den Versuch machte, dass mir geglaubt wird. Die Wahrheit kam nicht an. Ich war so verzweifelt, da ich weiter gedemütigt wurde durch Worte und Unterstellungen, sodass ich einem Suizid nahe war.

Meine Würde war verletzt, mein Glaube half mir, aber er wurde schwach.

Nach mehr als vier Jahrzehnten konnte ich erfahren, dass es richtig war, dass ich nicht aufgegeben habe. Allerdings: alleine schaffte ich es nicht. Es gab einige Menschen, die mich unterstützten und noch unterstützen. Ich bin dafür sehr dankbar.

Das mir zugefügte Leid wurde schließlich vor kurzem offiziell anerkannt.

Mein Anliegen bei der anstrengenden Aufarbeitung war immer, dass mir geglaubt wird, dass meine Würde wieder hergestellt wird. Und mein Anliegen war darüber hinaus immer, dass anderen Schwestern solche Erlebnisse erspart bleiben. Dass eine Ordensgemeinschaft hinschauen muss, wie sie intern mit den Mitschwestern umgeht. Ob mein früherer Orden dies jemals in der ganzen Gemeinschaft besprochen und aufgearbeitet hat, oder ob es nach wie vor nur ein Thema für die Ordensleitung geblieben ist, ist mir bis heute nicht bekannt. Genauso wenig bekannt ist mir, ob ich die Einzige im Orden war, die diese Gewalt erleben musste.

Was ist der christliche Auftrag in einer Ordensgemeinschaft?

Nicht nur Arbeit, sondern eine gemeinsame religiös-spirituelle Ausrichtung. Ein Sich-austauschen über den eigenen Glauben oder über religiöse, auch theologische Themen gab es damals nicht. Eigentlich war das der Grund, warum ich ins Kloster eingetreten bin – um in diesen Fragen in Gemeinschaft und nicht allein unterwegs zu sein. Ob das heute anders ist? Ich kann es nicht erkennen.

Auch eine erwachsene junge Frau (Ordensschwester) kann missbraucht werden, gerade durch die Abhängigkeit – durch den Gehorsam, der in die Hände der jeweiligen Generaloberin und deren Nachfolgerin gelobt wird. Ich glaube, dass über den Gehorsam in Ordensgemeinschaften bzw. über Gehorsam in unserer katholischen Religion neu nachgedacht werden muss. Das alte Gehorsamsverständnis ist gefährlich.

Auch über Demut habe ich mir seit meiner Ordenszeit immer wieder viele Gedanken gemacht. Demut ist kein blinder Gehorsam. Ein Gehorsam, der ja auch Maria, der Mutter Jesu, immer wieder unterstellt wird. Demut ist zunächst Mut zu sich selbst. Und genau den habe ich in meiner Ordenszeit verloren und kämpfe bis heute darum.

Verständnis von Laien erhoffte ich in meiner Situation nicht. Ich fühle mich im kirchlichen Raum immer noch nicht beheimatet. Zu oft hörte ich – na ja, Sie sind ja wohl wegen einem Mann ausgetreten – Sie wollen der Kirche nur schaden – nach so langer Zeit muss man doch mit solch einer Sache fertig sein – Sie waren halt nicht gehorsam!!

Ich fühle mich als Außenseiterin in der katholischen Kirche. Es zu wagen, mich zu erklären, dazu habe ich einfach immer noch nicht den Mut. Einige Menschen kennen mich, kennen mein mir zugefügtes Leid und stehen zu mir, und das gibt mir Kraft.

Anonym

26 Im Geiste christlicher Nächstenliebe

An: Generaloberin Mutter A.
Betreff: Ein Gruß aus der Klinik

Werte Mutter Oberin,
ich schreibe Ihnen aus X., wo mich ein erneuter Aufenthalt zur Auseinandersetzung mit meiner Zeit im Orden zwingt. Seit fast acht Jahren habe ich das Haus nun verlassen. Und heute ist so vieles davon nach oben gekommen, dass ich es ausschreiben muss. Für Sie und die Schwestern mag dies alles in weiter Entfernung liegen. Für mich ist es nicht so. Es vergeht kein Tag, an dem mich die Zeit im Kloster nicht einholt. Es gibt kaum eine Nacht, in der ich nicht schweißgebadet so manche Situation neu durchlebe. Deshalb muss ich Ihnen schreiben, um es ein wenig mehr von der Seele zu bekommen. Ich tue dies auf elektronischem Wege, damit ich mich auch danach noch an diesem starken Moment festhalten kann.

Meine persönliche Geschichte habe ich mit in den Orden gebracht. Ich habe unter den Schwestern einen Ort der Heiligkeit gesucht, und auch in vielem gefunden. Dafür bin ich Ihnen allen noch immer sehr dankbar. Aber ich wurde retraumatisiert. Das weiß ich heute und das Wissen darum hätte mir damals vieles erspart. Wer aus einer Familie kommt, wie sie meine war, der darf keine Gemeinschaft suchen, die der Harmonie huldigt. Nur die Auseinandersetzung hätte mich reifen lassen. Die Fragen, die ich gestellt habe und die Sie oft so deplatziert fanden, waren im Letzten Fragen an mich selbst, an meine Biografie, mein Elternhaus, meine Genese.
Heute weiß ich, dass ich die Konfrontation gesucht habe. Die Ruhe und Stille im Orden, ich habe auch sie genossen. Aber in Situationen, in denen Ereignisse hätten geklärt werden müssen, haben mich die Reaktionen der Schwestern irritiert, auch Ihre. Ich erinnere mich noch sehr intensiv an die Situation, als Schwester B. die neue Lösung mit der Belieferung der Küche in Frage gestellt hat. Sie hatte, wie ich noch immer finde, gute Gegenvorschläge. Ihr habt sie nicht angehört, und als sie sich getraut hat, ihre Idee nochmals vorzubringen, haben Sie ihr erwidert, dass sie sich im Ton mäßigen solle. Und, dass bei passender Gelegenheit darüber gesprochen werde. Doch dazu kam es nicht. Ihre Lösung wurde dann umgesetzt und alle Schwestern in der Küche und Bäckerei mussten sie dann mittragen. Schwester B. litt unter dieser Kommunikation. Sie wurde immer dünner in der Stimme. Ich denke, sie fühlte sich überhört, übersehen. Ich weiß nicht, ob Ihnen das entgangen ist. Doch was sind wir, wenn wir nicht gesehen und gehört werden? Als Mitschwestern? Einen Satz von ihr habe ich mitgenommen, ich höre ihn regelmäßig noch innerlich: „Weißt du, C., es darf halt nicht donnern. Gewitter ist immer böse!!"
Dieser Gegensatz, innen die Heiligkeit suchend und außen

immer das Böse wähnend, hat mir immer mehr Angst gemacht. Denn darin steckt so viel Unberechenbarkeit, Unklarheit und das Gefühl der Hilflosigkeit. Wer steht mir noch zur Seite, wenn draußen die böse Welt regiert und ich innen den anderen Schwestern nicht mehr trauen kann? Ich wurde so zum einsamsten Menschen auf der Welt.

Ein anderer Satz, den ich in meinen Therapiestunden immer wieder inwendig höre, stammt von Ihnen: Es ist jener: „Wir sind gehalten, gegensätzliche Ansichten im Geiste christlicher Nächstenliebe zu bereinigen!" Ich denke, das Mantra war ihre vorrangige Regel in der Leitung des Ordens. Doch was bedeutete er in Konflikten? Es durfte schlichtweg gar nicht über andere Ansichten gesprochen werden. Alles wurde weggebetet und auf eine spirituelle Ebene verlagert. Im Zweifel haben Sie entschieden, oft ohne sich die zweite Seite anzuhören. Bei allem Respekt vor Ihrem Einsatz um den Orden, von außen sehe ich heute, dass es sich dabei wohl um eine Klärung mit dem Mittel der Macht gehandelt hat. Ich frage mich, ob es D. als Ordensgründer zugelassen hätte, vorher nicht wenigstens die andere Seite zu hören. Doch bereits von einer anderen Seite auszugehen, wäre eine Verfehlung gegen Ihr Gebot der Harmonie im Haus gewesen.

Ich frage mich heute bei täglichen Begebenheiten: Ist es christlich, den anderen zu „schonen" und ihm meine Meinung zu den Dingen und zu seinem Verhalten vorzuenthalten? Ist das ehrlich? Müssen wir uns als erwachsene Menschen schonen? Und ich habe erkannt: Erwachsene Menschen zu schonen, kann nicht christlich sein. Denn es ist ja das Gegenteil von Wertschätzung. Bereinigung, allein dieses Wort sagt so viel: Da ist Schmutz, Dreck, Sünde in dem, was die Mitschwester sagt. Also gilt es ausgetilgt. Ich schätze es dann nicht, was der andere sagt. Also degradiere ich ihn zum Kind. Es ist genau dieses Zum-Kind-Machen,

das mich so krank gemacht hat. Ich habe Halt gesucht, ja. Aber einen Halt, der mich fordert, herausfordert und mir Menschwerdung ermöglicht. Das Gegenteil habe ich erfahren, darunter bin ich fast eingegangen.
Derzeit bearbeite ich in der Therapie ein wiederkehrendes Traumbild, das ich Ihnen noch anvertrauen möchte: Ich sehe das Mutterhaus im Nebel stehen. Der Nebel ist überall, nicht nur außen. Ich wache auf, suche etwas, werde nachtwandelnd, und stehe wieder im Nebel. Nebel überall um mich herum. Aus dem Nebel: Gebete. Überall. Eintönig und klagend. Meist selbstanklagend. Dieses Bild hat mir vieles erschlossen: Ich habe als junge Frau meinen Weg gesucht und bin im Nebel gelandet. Denn nebulös war jede Abstimmung, jede Anweisung, jede Regel, jede (vermeintliche) Kommunikation. Nichts war klar. Doch Klarheit war es, die ich gebraucht hätte. Denn Klarheit ist es, was Menschen brauchen. Sätze wie „alles ist gut", wie ich sie im Orden oft hörte, verstören mich heute. Denn sie sagen das Gegenteil: Nichts ist gut, aber wir fassen das nicht an, lächeln es lieber frömmelnd weg.
Mein Weg hält an, aber er wird zunehmend klarer. Es gibt Tage, an denen verschwindet der Nebel bereits ganz. Ich möchte Ihnen keine Vorwürfe mit meiner E-Mail machen, sondern nur ehrlich sein. Weil ich glaube, dass nur Ehrlichkeit aus dem Nebel befreien kann: Ihre Gemeinschaft, die einmal auch meine war. Und unsere Kirche, die ebenso im dichten Nebel steht. Doch dieser Nebel, das hat mich das Leben in der Gemeinschaft gelehrt, kommt nicht von außen.

Hochachtungsvoll
Ihre N. N.

Anonym

27 Individuum oder Figur auf dem Schachbrett eines Bistums? – Vom Idealismus zur Bauchlandung in der (kirchlicher) Realität

Nach einer Ausbildung und Jahren in der freien Wirtschaft entschloss ich mich, den Weg hin zum Priester einzuschlagen. Voller Idealismus, aber auch mit dem Wissen und der Ahnung, dass es „himmlische Zustände" nur im Himmel geben wird, ging ich ins Priesterseminar. Die theologischen und philosophischen Studien haben mich sehr geprägt und ich bin dankbar, dass ich diese im Raum der Kirche – auch ohne Abitur – machen konnte. Auch den Lehrenden bin ich sehr dankbar!

Dann kam der Tag, an dem die Entscheidung getroffen werden sollte, wie es weitergeht. Gerne hätte ich weiterstudiert. Der Regens des Seminars, in dem ich studierte, bescheinigte mir und dem Heimatregens, dass er sich dies durchaus vorstellen könne. Der Heimatregens hörte sich die Argumente und Sichtweisen an und schloss mit der Aussage: „Es freut mich, dass Sie weiterstudieren wollen. Das Bistum hat nun viel Geld in Sie investiert. Wenn Sie weiter studieren wollen und nicht in den Pastoralkurs gehen, ist das Bistum für Sie erledigt." Von dieser machtvollen Aussage ließ ich mich beeindrucken, habe den Gedanken wieder fallen lassen und habe mich für den Pastoralkurs entschieden. Bis heute bedauere ich es, nicht weiterstudiert zu haben. Ich habe mich beworben und erwartete die Nennung meiner Stelle für den Pastoralkurs. Danach wurde mir die erste Stelle als Kaplan zugewiesen. Es waren gute Jahre. Danach wurde ich an eine Stelle versetzt, an der es zuvor eine Gemeindespaltung gegeben hatte, Gremien zurückgetreten waren und „über Nacht" gegen den ausdrücklichen Willen der Gemeinde ein Pfarrverband gegründet wurde. Der Personalverantwortliche sagte mir: „Wir trauen Ihnen das zu und wenn

Sie dem Bistum jetzt helfen, helfen wir Ihnen in zwei Jahren, eine gute Pfarrstelle zu bekommen." Die zeitliche Perspektive war also umrissen.

Ich ging meine Arbeit an, versuchte zu vermitteln und mit unterschiedlichen Gruppen im Gespräch zu bleiben. Es war ein schwieriger Weg, an dem ich oft an meine Grenzen gestoßen bin. Zuviel Wut und Zorn hatten sich in der Gemeinde aufgestaut. Leider hat sich dies auch in tätlichen Übergriffen mir gegenüber gezeigt. Sicher galten diese nicht mir als Person, aber Einzelne wussten sich wohl nicht anders „zu helfen". Auf eine Anzeige bei der Polizei verzichtete ich und wandte mich an die Verantwortlichen im Bistum: Weihbischof, Bischof und Personalverantwortlicher reagierten auf meine Hilfegesuche nicht, ich blieb die anberaumte Zeit in der Gemeinde. Dort war sicher nicht alles schlecht, ganz im Gegenteil. Und doch haben diese „schlagkräftigen" Erfahrungen Spuren hinterlassen.

Inzwischen hatte der Personalverantwortliche gewechselt. Der neue Verantwortliche lud mich insgesamt sechs Mal zu einem Gespräch ein und dankte immer für mein Kommen und dass das Gespräch dem gegenseitigen Kennenlernen diene. Aus dem letzten Gespräch ging ich mit einer klaren Perspektive hinaus, Pfarrer einer bestimmten Gemeinde zu werden. Tage später erfuhr ich durch eine Pressemitteilung des Bistums, dass ich Pfarrer einer ganz anderen Gemeinde werden sollte. Am letzten Tag vor den Sommerferien teilte man mir in einem sehr kurzen Telefonat mit, dass ich nicht Pfarrer, sondern „nur" Pfarradministrator werde.

Nach wenigen Monaten erkrankte ich an einem Burnout und ging in eine begleitete Auszeit. Bei einem Gespräch mit dem nun wieder neuen Personalverantwortlichen entschuldigte dieser sich für die Versäumnisse aus der Vergangenheit. Es sollten nun neue Wege beschritten werden.

Nach meiner Rückkehr begann die Suche nach einer neuen, geeigneten Stelle und ich wurde an einen Mitarbeiter der Personalabteilung vermittelt. Es begegneten mir machtvolle, und zugleich unsensible Sätze wie: „Was wollen Sie denn, Sie sind doch austherapiert", oder „Sie gehen dahin, ich weiß, was gut für Sie ist!" Nach längerem Hin und Her kam ich an eine Stelle, an der ich nicht nur überleben, sondern auch leben kann. Dennoch sitzt die Erfahrung der Ohnmacht und der Verfügung über mich tief. Immer wieder gibt es Situationen, in denen ich meine Ohnmacht in diesem Machtapparat schmerzlich empfinde. Ich fühle mich ausgeliefert und spüre: „Ich sitze fest und komme aus diesem System nicht heraus." Eigentlich arbeite ich gerne als Priester, aber mein Priesterbild hat sich geändert: Der Idealismus von einst ist verflogen, die Schrammen der Bauchlandungen schmerzen, die Einstellung und der Bezug zur (erzwungenen) Lebensform haben sich verändert. Und über allem: keine Perspektive außerhalb des Systems. Beim Verlassen des kirchlichen Dienstes würde ich weitgehend mittellos dastehen. Keine Sozialversicherung dank kirchlicher Eigenverantwortlichkeit als Parallelgesellschaft.

Heute sehe ich: Durch meinen Idealismus und den vermittelten Charme, „als etwas Besonderes und für etwas Höheres, für Gott, zu arbeiten", bin ich blind gewesen und habe den Verantwortlichen geglaubt. Heute fasse ich zusammen: „In der Weihe habe ich mein Leben der Kirche zur Verfügung gestellt, die Kirchenoberen haben es veruntreut!" In der Weihe habe ich dem damaligen Bischof „mein Leben in die Hand gelegt" im Vertrauen darauf, dass er sorgsam damit umgeht. Der Nachfolgebischof (und die von ihm ermächtigten Verantwortlichen) hat/haben mein ursprüngliches „Hier bin ich" zur Verfügungsmasse gemacht. Das offensichtliche Handeln aus Not, eine offene Stelle zu besetzen jenseits von Charismen und Fähigkeiten, kann vorsätzliche Willkür nicht ausschließen. Das Ausspielen der einseitig überhöhten Macht und das Ausnutzen meiner existentiellen Abhängigkeit empfinde ich als Vertrauensmissbrauch.

Anonym

28 „Wir wollen Ihnen keine goldenen Ketten anlegen …"

In meiner zweiten Kaplanstelle lernte ich meine Frau kennen. Nachdem sich unsere Beziehung gefestigt hatte, wurde uns schnell klar, dass es für uns ein „Weiter so" mit Geheimnissen und Doppelleben nicht geben würde. Ohne Druck meiner Frau entschied ich mich, meinen priesterlichen Dienst zeitnah niederzulegen, um in aller Ehrlichkeit und Wahrhaftigkeit unseren gemeinsamen Weg weiter gehen zu können und aufkommende Gerüchte zu vermeiden. Dazu führte ich zwei Gespräche mit dem Personalchef. Das Angebot um Exerzitien und Weiterarbeit bis zum Sommer lehnte ich ab, da ich das nicht mit meinem Verständnis von Ehrlichkeit vereinbaren konnte. Auf die Frage, wo wir denn leben wollten, antwortete ich, dass wir dies in einer Wohnung innerhalb meiner letzten Kaplanspfarrei geplant hätten. Daraufhin wurde seine Stimmung zunehmend aufgebrachter. Er meinte, dass das der Kirche schaden würde, die Menschen in der Pfarrei das nicht verstehen und akzeptieren, mir wohl diese Menschen und meine zu betreuenden Kommunionkinder völlig egal wären, andere „Ehemalige" auch nur in Orten weit ab vom Einsatzort wohnen würden und das eine unmögliche Sache wäre. Mein Einwand, dass ich ja nach den vom Bistum weiter finanzierten drei Monaten nicht mehr wüsste, wovon ich eine Mietswohnung bezahlen könnte, wurde nie beantwortet. Während des zweiten Gespräches führte er ein Telefonat mit dem Bischof, woraufhin er mir ausrichtete, der Bischof empfände das als einen „sehr unfreundlichen Akt“ …!

Das Gespräch mit dem Bischof selbst gestaltete sich erst in einer guten und verständnisvollen Atmosphäre. Entlassen wurde ich mit der Aufforderung, meinen Willen, den Dienst zu beenden, noch einmal schriftlich zu bestätigen. Seine letzten Worte an mich lauteten: „Wir wollen ihnen ja keine goldenen Ketten anlegen …!“ In dem Moment glaubte ich das auch noch. Allerdings bekam ich von ihm eine Woche später einen persönlichen Brief voller Vorwürfe, ich hätte es mir sehr einfach gemacht, schon lange mein geistliches Leben schleifen lassen und sollte mir daher genau überlegen, ob ich diese Entscheidung einmal vor Gott vertreten und rechtfertigen könne. Daraufhin gab es keine weiteren persönlichen Gespräche, nur noch Briefkontakte, in denen ich unter anderem aufgefordert wurde, meinen Wohnort außerhalb meiner ehemaligen Pfarreien zu suchen – er hätte mir das schon mehrfach durch verschiedene Leute sagen lassen, was so nicht stimmte, worauf ich ihm antwortete, dass ich mir in Zukunft jegliche Einmischung in mein Privatleben verbitte und wir uns nichts mehr zu sagen hätten. Weiter behauptete er, ich hätte ihm nie meine schriftliche Bitte um Entlassung zugeschickt, was so auch nicht stimmte, da ich diese sogar persönlich in sein Postfach eingeworfen hatte. In den Monaten danach verlor dann noch meine Frau ihre Stelle im katholischen Kindergarten, angeblich ohne Einmischung des Bistums. Wir führten dazu ein Gespräch mit dem zuständigen Pfarrer, der uns trotz jahrelanger Suchtproblematik vermitteln wollte, dass unser Verhalten moralisch nicht mehr in Ordnung sei – ich meinte damals, ich müßte die nackten Wände hochgehen …

Nach einigen Jahren schrieb ich dann doch einen Brief zwecks Einleitung der Dispensierung an den Bischof, auch im Bestreben um einen versöhnlichen Abschluss. Daraufhin bekam ich „nur" einen Brief des zuständigen Offizials, der mit mir Termine für die notwendigen drei Anhörungsgespräche vereinbaren wollte. Nach Klärung der Formalia bekam ich ein Frageblatt mit der Auskunft, dass die Laisierung erst mit dem 40. Lebensjahr ausgesprochen werden würde, außer es gäbe sexuelle bzw. psychische Auffälligkeiten oder homosexuelle Neigungen, dann ginge es sofort. Da das allerdings nicht der Fall war, musste ich bis zu meinem 40. Geburtstag warten. So kam also kurz nach diesem denkwürdigen Tag mein Dispensdekret aus Rom mit der Maßgabe: Hochzeit weit weg von Wohnpfarrei und ehemaligen Einsatzorten und vor allem „sine pompa" – alles versteckt und schlicht ...!

Durch verschiedene Beziehungen zu kirchlichen Mitarbeitern und einem befreundeten Pfarrer war es dann wieder möglich, nach meiner Tätigkeit in der sozialen Arbeit in den Religionsunterricht zu wechseln. Hier wollte ich an meinem Wohnort eine Stelle antreten, was mir von Bistumsseite erst einmal verwehrt wurde, da man befürchtete, man würde mich „erkennen". Ich nahm eine Stelle in Darmstadt beim Land Hessen an. Kurioserweise fragte mich nach kurzer Zeit eine Schülerin, ob ich mal dort in einer Pfarrei gearbeitet hätte, ihre Mutter würde sich an mich erinnern. Ich konnte das nur bejahen, mein Diakonatspraktikum hatte ich dort absolviert ... Nach dreieinhalb Jahren konnte ich doch dieselbe Stelle als „Religionslehrer i. K." an meinem Wohnort antreten, da diese mittlerweile wieder frei geworden war und anscheinend die „Wiedererkennungsgefahr" von Bistumsseite als nicht mehr so gravierend empfunden wurde.

Es wird Zeit – das ist meine feste Überzeugung! – Zeit, mit Ehemaligen anders, ja menschenwürdiger umzugehen!

Viele Menschen verstehen und akzeptieren das nicht. Auf die Frage „Kannst du das nicht machen?“ antworte ich immer lapidar: „An mir hängt’s nicht!“ Und so mancher meint, gerade in Anbetracht der Missbräuche: „Na ihr wart wenigstens ehrlich!“ Viele Gottesdienste fallen aus, Pfarreien werden zusammengelegt. Viele wissen, dass es verheiratete Priester in der römischen Kirche gibt, die Unterschiede versteht keiner. Ich höre Alte sagen: „Wir wollen in unserer Gemeinde Gottesdienste besuchen, nicht kilometerweit irgendwohin fahren. Dann setzen wir uns lieber vor den Fernseher!“ Actuosa participatio ist also von oben verordnet out. Das entrüstet mich immer wieder neu, da ich immer mehr merke: Viele sind enttäuscht, kommen nicht mehr, gerade da viele Angebote aus Mangel an Personal wegfallen – anscheinend in Unkenntnis des Gedankens: „Wo kein Angebot, da keine Nachfrage …!“ Ja – es wird höchste Zeit, Ehelosigkeit frei wählbar zu machen, Verheiratete zu weihen, Ehemalige wieder in den Dienst zu stellen, da sie ein unschätzbares Potential darstellen, das nutzlos verkommt! Daher: Ehrlichkeit sollte nicht bestraft, sondern belohnt werden – um Jesu willen!

Anonym

29 Darf man das so sagen? – Selbstbefragung eines Diakons

Rückblick: November 2016. Was ich zum damaligen Zeitpunkt noch nicht weiß, es sind die letzten Tage meines hauptberuflichen Wirkens unter dem Dach der katholischen Kirche. Aber der Reihe nach.

Mein beruflicher Streckenlauf beginnt 1981. Beim gedanklichen Blättern in meinen Erinnerungen kommt es mir manchmal so vor, als hätte ich sehr verschiedene „Jobs“ gehabt: Sozialpädagoge, Vorsteher in unterschiedlichen Verbänden und Organisationen, Verbandsfunktionär, Kirchenpolitiker, Einrichtungs- und Stiftungsgründer. Und nicht zuletzt, zusätzlich dazu, seit 1995 Seelsorger/katholischer Diakon, der das Heute im Blick hat und ebenerdig redet.

Und dann November 2016. Von einem Moment auf den anderen, so schnell kann es also gehen. Ich bin freigesetzt worden, wie man auch im kirchlichen Bereich einen solchen Schlag systemimmanent beschönigend umschreibt. Ich bekomme zwei Stunden, um mein Büro zu räumen, bin unter meiner Bürodurchwahl nicht mehr erreichbar; mein E-Mail-Account ist gesperrt. Das Kapitel Caritas ist Geschichte. Mit 59 Jahren stehe ich auf der Straße.

Schnitt – Schlussendlich wird nach Arbeitsschutzklage Recht gesprochen. Es werden Vereinbarungen getroffen und der kirchliche Dienstgeber wird gerichtlich angewiesen, die Trennung wahrheitsgetreu zu dokumentieren und zu kommunizieren.

Hinzu kommt ein Schlichtungsverfahren vor der Zentralen Schlichtungsstelle des Deutschen Caritasverbandes. In der Gemeinsamen Erklärung heißt es dazu: „Die Lage des Verbandes ist dank Herrn Diakon A. ebenso stabil wie dessen Liquidität. Herr Diakon A. konnte jedoch die vom Aufsichtsrat geforderte Residenzpflicht vor Ort in B. aus familiären Gründen leider nicht realisieren. Wir danken Herrn Diakon A. für die erfolgreiche Führung des Verbandes und die gute Zusammenarbeit usw.“

Nach Abschluss aller Regelungen begann ich – zwischenzeitlich 60 Jahre alt – mit der ausgiebigen Suche nach einer beruflichen Alternative. Gleichzeitig begann das Kapitel Kirchenrecht und deren Anwendung in meinem Bistum: „Zu Risiken und Nebenwirkungen befrage Deinen Bischof.“

In der römisch-katholischen Kirche muss jeder Kleriker in einem Bistum inkardiniert (zugehörig) sein und damit dessen Klerus angehören. Ich selbst war und bin seit meiner Weihe 1995 im gleichen Bistum inkardiniert. Ordnungsgemäß habe ich als Diakon mit Zivilberuf meine beruflichen Wechsel kirchenrechtlich angezeigt.

Aktuell bin ich seit 2009 von meinem Inkardinationsbistum per Vereinbarung der beiden Bischöfe für den Dienst als Diakon mit Zivilberuf in einem westdeutschen Erzbistum freigestellt.

Ergebnis/Fazit: Nach Abschluss der Arbeitsschutzklage begann die intensive Suche nach einer neuen beruflichen Aufgabe, auch immer und immer wieder im „eigenen" Bistum. Ohne Erfolg. Nach der 50. Bewerbung habe ich aufgehört zu zählen.

Um das Ganze abzukürzen, im Mai 2020 erfolgte ein letztes Schreiben an den Bischof und den zuständigen Domkapitular:

„Sehr geehrter Herr Bischof C.,
Reicht Ihnen das Bisherige immer noch nicht?
Ist der Punkt nicht schon längst erreicht resp. überschritten, an dem kirchliches Recht da absurdum geführt wird, weil es nicht mehr Schutz und Sicherheit gewährt, sondern genau dem Gegenteil Vorschub leistet, nämlich der Willkür und Macht.
Wer wie ich, seit September 2018, sein Inkardinationsbistum um Hilfe fragt, ringt mit existentiellen Fragen. Doch alle aufgeworfenen theologischen und rechtlichen Fragen und Aufklärungswünsche bleiben seitens des Bistums bis heute unbeantwortet!
Stattdessen immer und immer wieder Schreiben von Domkapitular D., die an Ignoranz und Respektlosigkeit nicht zu überbieten sind.

Inhalt und Wortwahl lassen keine andere Schlussfolgerung zu: Ich bin und werde markiert als Persona non grata!
Geht es noch anmaßender und verletzender? So heißt es im Schreiben: ‚Ganz nüchtern gesehen zeigt ihr Verhalten und ihre Wortwahl auch dem Bischof gegenüber eine Weise, die sicher nicht dazu beiträgt, eine Anstellung im Bistum in Betracht zu ziehen.'
Der bereits Geschlagene wird kurzerhand zum Schläger erklärt! Mangelnde Demut ist in bestimmten Kreisen des Klerus ja schon immer ein gutes Schlag-Wort gewesen.
Das Ganze ist zwischenzeitlich für beide Seiten ein unwürdiges Schauspiel und sucht nach öffentlichem Gelände!?
Sehr geehrter Herr Bischof, wenn eine Lawine über einen Menschen kommt, sollte man eigentlich nicht auf der Seite der Lawine stehen.
Mit freundlichen Grüßen
Diakon A."

Auch auf dieses Schreiben keine Antwort, kein Gesprächsangebot. Ich selbst habe bis heute auch „kein öffentliches Gelände" ob all der Geschehnisse und Umstände gesucht. Auch wenn ich noch immer zwischen Empörung, Wut und Traurigkeit schwanke. Ich weiß nicht, wie es mir in den letzten Jahren gelungen ist, trotz aller Schikanen, Zurückweisungen, trotz aller Ignoranz und Arroganz seitens der Kirche als Institution, dabeizubleiben.

Ich bin überzeugt, es waren auch die Werke und Worte eines wirklich großen Hirten in der katholischen Kirche, die mich seit vielen Jahren begleiten: Kardinal Franz König. In einem seiner Schriften heißt es: „Der menschliche Faktor in der Kirche ist immer ein sehr belastender." Wie wahr!

Ich werde damit leben müssen, was in den letzten Jahren geschehen ist. Dienstgemeinschaft, Fürsorge, Fehlerkultur und Moral habe ich persönlich als leere Floskeln erlebt.

Die Kluft zwischen christlicher Botschaft und dem, was das System Kirche lebt, wird immer größer.

Das Maß der Macht steht über allem. Das System erhält sich selbst.

Was ist aus mir geworden? Die Geschehnisse haben mir arg zugesetzt. Die körperliche Gesundheit ist erschüttert, die psychische Gesundheit brüchig. Seit Anfang 2021 beziehe ich eine volle Erwerbsminderungsrente.

Und doch bin ich mit meinen Möglichkeiten als Diakon ohne Zivilberuf noch dabei.

Vor einigen Monaten habe ich unser viertes Enkelkind voll Freude und Stolz getauft. Ihr und all unseren Enkeln habe ich mit auf ihren Lebensweg gegeben: Bleibt dabei! Aber empört euch! Lasst euch eure Kirche nicht kaputtmachen!

Anonym

30 Kultur des Schweigens

An meiner ersten Kaplanstelle *Unsere Liebe Frau* lernte ich meine Frau kennen. Nach vier Jahren nahm ich eine Auszeit. Der Bischofssekretär mahnte: „Wenn *du* gehst, könnten wir alle gehen!“ Ein Kompliment! Elisabeth wurde ausgerechnet an meiner zweiten Stelle Referendarin für Englisch und katholische Religion. Ihren Seminarlehrer, ein vertrautes Gemeindemitglied, weihte ich ein. Daraufhin sah er sich verpflichtet, das Bistum zu informieren. Dem kam ich jedoch zuvor und relativierte unsere Beziehung beim Bischof. Eine existenzsichernde Notlüge: Elisabeth erhielt die Missio Canonica.

Die endgültige Entscheidung zur Aufgabe des Zölibates traf ich in Taizé. Die Antwort der Diözesanleitung auf die

Frage zu meiner beruflichen Zukunft blieb rätselhaft: „Ich kann Sie nicht zum Präfekten machen!" Der mir persönlich nicht bekannte Generalvikar befand autoritär: „Das kann nicht der Wille Gottes sein!" Der Offizial lud zu einer Vernehmung mit Fragerei zu meinem Sexualleben. Dispens erhielt ich keine, weil ich noch nicht vierzig war. Das verbiete das „Gemeinwohl der Kirche". Ein Pastoraltheologe bringt es auf den Punkt: „Zum Dank erhaltet ihr noch einen Tritt in den Hintern."

Es folgten Jahre der Erwerbslosigkeit, die ich für Weiterbildung bei den Don-Bosco-Salesianern nutzte. Ein Generalvikar gewährte mir widerstrebend für drei Jahre ein monatliches Darlehen von 450,– DM. Ich weigerte mich, es zurückzuzahlen, weil zwischen Suspendierung und Dispens mindestens eine Unterhaltspflicht besteht. Schließlich gab er nach und wandelte das Darlehen in eine Schenkung um. Nach wie vor gilt: Ich bin bereit, meinen Dienst als Priester auszuüben!

Meine künftige Frau trat ihre Stelle in Altbayern an. Ich fragte den als zugänglich geltenden zuständigen Weihbischof, ob er ihr nach einer Anzeige meinetwegen die Missio entziehen würde. Daran ließ er keinen Zweifel. Wir mieteten uns deshalb außerhalb des Einzugsbereichs ihrer Schule ein. Meine grundkatholische Mutter sprach von sich aus den neuen Generalvikar auf Dispens an, dieser wandte sich an Joseph Ratzinger. Obwohl ich „erst" 36 war, ging es nun schnell, und wir konnten in der nahen Versöhnungskirche heiraten.

Nach Anstellung in einer PR-Agentur als AIDS-Gesprächspartner im Auftrag von Rita Süssmuth, Direktorin der Bundeszentrale für gesundheitliche Aufklärung, wurde ich Seminarleiter beim Bildungswerk der Bayerischen Wirtschaft, wohin mich ein verheirateter Priester, der mein Chef und Freund wurde, empfahl. Ein Glücksfall! 1994, fünf

Jahre später, machte ich mich selbstständig. Als Trainer und Coach schulte ich in Industrie und Institutionen des öffentlichen Rechts gut tausend Führungskräfte mit ihren Teams in Führung und Kommunikation auf Basis katholischer Soziallehre.

Aus dem amtskirchlichen Gedächtnis werden wir nicht nur im Schematismus gestrichen. Zu meinem 40. Priesterjubiläum meldete die Pressestelle des Ordinariats ohne Skrupel, am 25. November 1978 seien nur zwei Priester geweiht worden, obwohl wir zu viert waren. Ein Kollege wurde beim 25-jährigen Jubiläum für tot erklärt. Er lebt aber! Totschweigen und Totmeldung Lebender sowie Tilgung von Namen aus amtlichen Dokumenten bedienen eine Kultur des Schweigens, eine „damnatio memoriae".

Gut 2.000 Priester mussten im deutschsprachigen Raum seit dem Konzil ihren Beruf aufgeben. Was ich nie akzeptierte, ist die bewusst übertriebene Ausgrenzung. „Priester im Dialog" wollte das geändert wissen. Nach drei Anfragen, erstmalig 2000 im Jahr der Barmherzigkeit, begann 2007 ein Generalvikar zweimal jährlich zu Workshops einzuladen, um Sprachlosigkeit und Entfremdung zu überwinden. Ein Dutzend ‚Ehemaliger, die Pfarrer-Initiative, Bischöfe und der oberste Führungskreis nahmen daran teil. Die Begegnungen begannen mit Gebet und Gottesdienst; sie beseitigten Vorbehalte und Vorurteile uns gegenüber.

2018 beendete ein junger Bischof die Dialoge ohne Anhörung. Das verstehe ich analog zu Exodus 1,8: „In Ägypten kam ein neuer Pharao an die Macht, der Josef nicht kannte".

Vorher, 2016, war „Priester im Dialog" in einer weiteren Diözese an den Start gegangen, teilweise mit unseren Frauen als Teilnehmerinnen. Es folgten Berichte in den Medien. Wir bewarben uns bei einem Bischof für den Synodalen Weg. Sein Büro verwies an die Deutsche Bischofskonferenz, die uns umgehend abwies. Nach der dritten Anfrage, diesmal beim Zentralkomitee der deutschen Katholiken, kam ich als Berater ins Priesterforum (vgl. Mt 7,7).

Am 4. Februar 2022 beschlossen 86 % der Synodalen, darunter Dreiviertel der Bischöfe, ein Votum zur Aufhebung des Pflichtzölibats nach Rom zu senden. Bischöfe sollten ‚Ehemalige' gastfreundlich einladen, sie in die Pastoral zurückrufen, gegebenenfalls als Priester im Zivilberuf, und einen menschlicheren Umgang gewährleisten, Rechtssicherheit selbstverständlich inbegriffen.

Kirchliches Change-Management ist Bohren harter Bretter. Welche Diözesanleitungen setzen Voten, für die es Rom nicht braucht, zügig um? Wenn nicht jetzt – wann dann?

Edgar Büttner

31 Im Mantel der Freundlichkeit

Seit Jahren führen einzelne Diözesanleitungen offiziell Gespräche mit aus dem Amt geschiedenen Priestern. Einladende Gesten wie die Übernahme der Fahrtkosten, eine gastfreundliche Bewirtung in diözesanen Häusern und eine wohlwollende, offene Atmosphäre kennzeichneten die Runden, an denen ich viele Jahre hindurch teilnahm. Wir „Ehemalige" machten jedoch auch Erfahrungen von Ohnmacht aufgrund von struktureller Macht, prozesshafter und persönlicher Grenzen. Als Fragen der finanziellen Behandlung anstanden, erweckte die Diözesanleitung den Anschein, darüber in einen offenen Dialog treten zu wollen.

In der Vorbereitung auf ein Treffen im Jahr 2014 hatte der Generalvikar mit dem Initiator unserer Gesprächsreihe vereinbart, neben dem Bischöflichen Finanzdirektor solle auch jemand aus der freien Wirtschaft eine unabhängige

Sicht zum Thema Finanzen einbringen. Doch stattdessen war, nicht abgesprochen, der Personalleiter einer Bank anwesend. Dessen Darlegungen stimmten mit denen des Finanzdirektors überein. Der Personalleiter wurde wenige Jahre später Leiter einer Hauptabteilung der Diözese.

In der Frage eines gerechten finanziellen Umgangs mit ausgeschiedenen Priestern tauschten wir uns in der Folgezeit mit Fachleuten aus und erstellten in Kooperation mit einer überdiözesanen Einrichtung ein Arbeitspapier. Dieses übermittelten wir im Februar 2019 an den Diözesanbischof. Vorausgegangen waren Gespräche mit Klerikern der Diözese, u. a. mit dem Seelsorgeamtsleiter, dem Personalreferenten, zwei Vertretern des Priesterrats sowie dem Generalvikar. Ihnen hatte ich alle Aspekte ausführlich erläutert, die das später erstellte Arbeitspapier enthält: Starthilfen für eine berufliche Neuorientierung nach dem Ausscheiden – Beginn und Ende der Nachversicherung – Gerechte Rentenzahlung – Möglichkeiten einer Übernahme als kirchlicher Dienstnehmer – Absicherung im Krankheitsfall (Krankenversicherung). Zwei dieser Aspekte möchte ich kurz erläutern.

Ausgeschiedene Geistliche erhalten, wie seit 1963 von der Sozialgesetzgebung vorgeschrieben, die auf der Nachzahlung des Arbeitgeberbeitrags basierende Gesetzliche Rente. Im Unterschied zu allen anderen pastoralen Hauptamtlichen erhalten sie keine betriebliche Altersvorsorge. Das widerspricht dem Grundsatz ‚Ähnliche Altersversorgung für ähnliche Arbeit'. Erwartbar ist die Nachberechnung der Anteile der Altersversorgung mindestens auf dem Niveau der vergleichbaren anderen hauptamtlichen pastoralen Mitarbeiter*innen der Diözese.

Nach dem Laisierungsdekret sind dem aus dem Dienst ausgeschiedenen Priester Tätigkeiten im kirchlichen Bereich untersagt. Arbeitsverbot bzw. sehr eingeschränkte Arbeitserlaubnis in der Kirche im erworbenen Kompetenzbereich bedeuten eine gravierende wirtschaftliche bzw. soziale Einbuße und ggf. weitere Nachteile. Eine Handlungsempfehlung ist die Auslotung der durch das Kirchenrecht gegebenen Chancen der Übernahme eines Dienstes in der Kirche (vgl. Nr. 6 des Laisierungsdekretes). Mittelfristig sind ernsthafte Bemühungen erwartbar, Arbeitserlaubnisse für alle pastoralen Tätigkeiten, die allen „Laien" offenstehen, zu erwirken (vgl. Würzburger Synode).

Unter dem Gesichtspunkt der Macht fällt auf: Informationen zu finanziellen Fragen erhielten wir von Verantwortlichen der Kirche nur selten. Diese schätzten ihre diesbezüglichen Möglichkeiten gering ein bzw. negierten ihre Verantwortung oder Kompetenz. Obwohl nahezu alle angeführten Punkte in diözesaner Entscheidungsbefugnis liegen, wies man auf deren Komplexität hin. Wir sollten uns keine großen Hoffnungen machen. Vereinzelt hörten wir vage Versprechen, die nicht eingehalten wurden. Monatelang erhielten wir auf Anfragen keine Antwort, teilweise nicht einmal eine Eingangsbestätigung. Zurückliegende Beschlussfassungen wie die Festsetzung des Beginns der Rentennachzahlung erst nach der Priesterweihe waren nicht überprüfbar und die Erklärungen teilweise widersprüchlich. Die Leistung der „Starthilfe" nach dem Ausscheiden wurde als großzügige Behandlung der eigenen Diözese im Unterschied zu anderen Diözesen deklariert. Rechtssicherheit in dieser Hinsicht wurde mit dem Hinweis auf die Vorzüge individueller Unterstützung abgelehnt. Sämtliche Hinweise und Handlungsempfehlungen wurden im Laufe der Zeit als unberechtigt dargestellt, nach dem Ausscheiden aus dem Priesterberuf seien diese Fragen indiskutabel. Eine kirchliche Machtposition macht es offenbar möglich, das nach allgemeinem Rechtsempfinden Angemessene schlichtweg zu ignorieren. Wer aus Gewissens- oder Zölibatsgründen aus dem Priesteramt ausscheidet, wird in der Regel von der Kirche finanziell stärker sanktioniert als ein wegen sexualisierter Gewalt suspendierter Priester. Nicht wenige von diesen konnten nach dem Wechsel in ein anderes Bistum ihre Arbeit fortsetzen, während uns jede kirchliche Berufstätigkeit untersagt ist. Die Kirche ist weit von einem Anschluss an die kulturellen Standards von Anerkennung und Gerechtigkeit entfernt.

Anonym

III
Missbrauch durch Veränderung der Aufgabe

32 Der Hl. Narzissus – oder das Drama einer Vorabendmesse

Selten ist wohl die Überschneidung von Beruf, Berufung und Ehrenamt so groß wie in der römischen Kirche. Vor allem Gemeindearbeit wird selbstverständlich als ganzheitliches Konzept verstanden.

Um diese Präsenz leisten zu können, braucht man liturgische Zeit, um sich immer wieder für Gott öffnen zu können. Darum liebe ich die Samstag-Vorabendmesse. Ich feiere für mich in den „Tag des Herrn" hinein, dessen Liturgie Zentrum und Quelle allen Lebens der Kirche ist. Durch die göttliche Begegnung im Gottesdienst werde ich gesendet als Zeugin der Auferstehung in der Welt, in meinen Gemeindedienst hinein.

Eine Bekannte bat mich, sie als Lektorin zu vertreten. In der Sakristei begrüßt mich Frau A., eine Stütze unseres freiwilligen Küsterdienstes. Wir feiern den 13. Sonntag im Jahreskreis, sichtbar durch die liturgische Farbe Grün. Frau A. meint jedoch, der Pfarrer wird das am Samstag vorgesehene Fest des „Unbefleckten Herzen Mariens" feiern, und hat ein weißes Messgewand ausgelegt.

Ich schlage die vorgesehenen Texte auf. Pfarrer B. wird die Messe zelebrieren, im Volksmund auch Hl. Narzissus genannt. Er pflegt einen in jeder Beziehung kostspielig barocken Lebensstil. Seine wechselhaften Launen sind bei Mitarbeitern und Ehrenamtlichen gefürchtet. Vielen gilt er jedoch als äußerst beliebte Persönlichkeit, die die Gunst des Bischofs genießt. Seinem Spitznamen alle Ehre machend, liebt er liturgisch aufwändige Inszenierungen, seidene Gewänder und Weihrauch.

Die Glocken rufen zum Gottesdienst. Der Organist huscht herein und reicht mir seinen Liedzettel. Scheu blickt er sich um, ob der Zelebrant bereits eingetroffen ist, und verschwindet rasch Richtung Orgelbühne. Zwei Ministrantinnen melden sich.

Die Tür schlägt. Narzissus hat seinen Auftritt. Normalerweise beginnt der Raum mit seinem Lächeln zu erstrahlen und alles dreht sich augenblicklich um seine Person. Heute bleibt er jedoch gruß- und blicklos. Wortlos beschäftigt er sich mit dem Liedzettel. Als er das weiße Messgewand sieht, wütet er über die Unfähigkeit „der abgeranzten Weiber, die hier überflüssigerweise rumlungern". Den Tränen nahe sucht Frau A. nach einem grünen Messgewand, von denen allein in dieser Sakristei vier hängen. Er reißt ihr das Gewand aus den Händen. Ich gehe in die Kirche, um weiteren Einkleidungsdramen zu entkommen.

Mit dem Angelus-Läuten betreten Ministrantinnen und Pfarrer die Kirche. Lustlos bewegt letzterer sich zum Priestersitz, ohne den Altar zu küssen, wie es üblich ist. Seine Einleitungsworte wirken barsch. Die Messe nimmt mit dem „Wortgottesdienst" ihren Lauf. Die „Liturgie des Wortes" betont das biblische Zeugnis. Wo das Wort Gottes verkündet wird, ist Christus gegenwärtig. In diesem Sinne bemühe ich mich, die Lesungen würdig vorzutragen. Während der 2. Lesung höre ich hinter mir B. laut mit den Ministrantinnen tuscheln und kichern. Meinem Impuls, die Lesung abzubrechen und mich umzudrehen, folge ich nicht.

Das Evangelium handelt von Gottes- und Nächstenliebe, eines von B.s Lieblingsthemen, das er gern auf sich bezieht. Heute hat die abgelesene Predigt jedoch nichts mit dem Evangelium zu tun, sondern ereifert sich über die sündige Einfalt der Welt. Wenigstens liest er das Evangelium und die Tirade fällt kurz aus.

Dann nähern wir uns dem Höhepunkt der Messfeier, dem großen Lob- und Dankgebet, wo nach katholischem Verständnis durch die Wandlung Jesus Christus, der Auferstandene, in Brot und Wein gegenwärtig wird. Selbst dieser zentrale liturgische Augenblick verliert an diesem Samstagabend seine Weihe. Vor lauter Angst, etwas falsch zu machen, vergessen die Ministrantinnen zu klingeln. Anstatt im Hochgebet fortzufahren, macht B. eine Pause und starrt die Mädchen an. Es vergehen lange Sekunden. Er rollt mit den Augen und bewegt den Kopf Richtung Schellen, bis die ältere Ministrantin versteht und klingelt. Die Wandlungsworte klingen hohl durch den Kirchenraum.

Während Narzissus sonst zum Friedensgruß durch die Kirche segelt und seine Lieblinge umarmt, bleibt das Zeichen des Friedens diesmal aus. Da nur 20 Gläubige die Messe besuchen, gehe ich davon aus, dass ich als Kommunionhelferin nicht gebraucht werde. Aber B. winkt mich nach vorn. Zur Kommunion reicht er mir die Hostie, dann den Kelch. Statt der vorgeschriebenen Worte „Das Blut Christi!“ vernehme ich „Mach alle, das Zeug!“ Gedanken durchzucken mich.

Nach Messende warte ich und hoffe, dass B. bereits gegangen ist – vergeblich. Er staucht die Ministrantinnen zusammen. So haben wir bereits viele Jugendliche verloren. In diesem Augenblick betritt Frau C. die Sakristei, die viele Gemeindeaktionen finanziell unterstützt. Narzissus ist nicht wiederzuerkennen. Liebenswürdig lächelnd geht er ihr entgegen, nimmt sie in den Arm, tätschelt ihre Wange, was Frau C. jugendlich erröten lässt. Fast verlegen reicht sie ihm einen Umschlag und geht. B. reißt den Umschlag auf, der einen 50-Euro-Schein enthält. Mürrisch blickt er auf das Geld. „Die alte Schlampe hätte ruhig mehr abdrücken können“, höre ich ihn sagen. Er steckt den Schein in seine Geldbörse und verlässt grußlos die Sakristei.

Was habe ich erlebt? Es gab keine Glaubensfeier, keine Seelsorge und Gottesbegegnung – sondern das totale Gegenteil! Vielmehr war ich Teil eines schlechten sakralen

Liverollenspiels, das mich seelisch ausgelaugt und die Gläubigen verstört zurücklässt. B. ist seinem Ruf als hl. Narzissus einmal mehr gerecht geworden – gnadenlos, gedankenlos, heillos. Aus Erfahrung weiß ich: Diese toxische Situation bleibt unauflösbar. Alle bisherigen Berichte werden von der Hierarchie als alberne Legende abgetan und nächsten Samstag: „The same Procedure".

Anonym

33 Ich hoffe, dass Sie nicht vom Kirchlichen Sicherheitsdienst sind

Mein eindrücklichstes persönliches Erlebnis mit Macht bzw. Ohnmacht in der Kirche? Das *eine* Erlebnis gibt es nicht. Es waren – je nach wachsendem Kontakt mit Kirche bei später dann schwindender Autoritätshörigkeit klerikalen Funktionsträgern gegenüber – immer wieder andere. Jedes also zu seiner Zeit, sozusagen. Hier eine kleine Auswahl:

Erste Erlebnisse von Ohnmacht hatte ich im Beicht-/Kommunionunterricht. Angsterfüllt und hilflos erlebte ich mit, wie der Pfarrer Kinder, die auf seine Fragen keine ihm passende Antwort zu geben wussten, lauthals anbrüllte. Das steigerte sich in der Messdienerzeit. Als einem von uns im Gottesdienst ein Fehler unterlief, prügelte derselbe Pfarrer später in der Sakristei derart heftig los, dass der Küster sich genötigt fühlte, dazwischenzugehen.

Es muss zu jener Zeit gewesen sein, als mir mein Vater, Zimmermeister, eines Tages zu bedenken gab, nicht alles zu glauben, was mir „Höhergestellte" erzählten. Ich solle mir immer meine eigenen Gedanken zu den Dingen machen. Ein Satz, der mehr als jeder andere mein Leben prägen sollte.

Nach dem Abitur wollte ich einige Tage in den Alpen verbringen, um für mich zu entscheiden, Theologie oder Sozialwissenschaften zu studieren. Auf einer Wanderung kam ich an einem alten festungsartigen Gemäuer vorbei und traf dort auf zwei Nonnen. Ob man es besichtigen könne, fragte ich. Nein, es sei privat. Aber ich könne auf einen Kaffee vorbeikommen. Aus dem Kaffee wurden mehrere Tage: wunderschöne Bergwanderungen mit einem Spätberufenen, einem früheren Bergführer, Gespräche über Gott und Berufungen. Mehr und mehr fühlte ich mich jedoch wie von einem Spinnennetz umgarnt: Ich sei prädestiniert für ein Theologiestudium, könne bei ihnen in Deutschland studieren usw. Eines Abends hörte ich an Nebentischen zwei Priester über Beichterfahrungen reden. Einer sagte abfällig, er habe eine alte Bauersfrau mit dem, was er ihr als Buße auferlegte, mal wieder richtig auf die Knie gezwungen. Hatte ich mich verhört? Sollte ich sie fragen, was das zu bedeuten hatte? Damals war ich noch nicht so weit. Ich weiß nur, dass ich schockiert, geradezu desillusioniert war.

Dieses Erlebnis bewog mich, in das aus damaliger Sicht kältere Wasser zu springen, Sozialwissenschaften und lediglich im Nebenfach Religionspädagogik zu studieren. Da fiel mir die Napalmreportage von Günter Wallraff in die Hände: Ob man es als Hersteller von Napalmgrundstoffen verantworten könne, diese für den Krieg in Vietnam an die US-Armee zu verkaufen. Moraltheologe: „Ich meine, man kann eben Napalmbomben durchaus sicher in einer menschlich korrekten Kriegführung anwenden.“ (Günter Wallraff: 13 Unerwünschte Reportagen, Reinbek, 1975, S. 126) Ein anderer: „‚Deshalb muß man härteste Waffen einsetzen, denn wenn man darauf verzichtet, gibt man sich dem Aggressor preis.‘ Der Aggressor ist in seinen Augen der Vietcong, vielmehr ‚das gesamte kommunistische Lager‘, er sieht da ‚eine weltweite Verschwörung‘.“ (Ebd., S. 128) Ich ging daraufhin zu einem Theologen meines Studiengangs in der Hoffnung, Adressen der Moraltheologen zu erhalten, um diese zu befragen, ob Wallraff deren Äußerungen richtig wiedergegeben habe, die ich so gar nicht mit meinem Verständnis von Christentum in Einklang bringen könne. Mit hochrotem Kopf brüllte er mich an, wie ich es wagen könne, als junger Student Kritik an seinen Kollegen zu üben. Ich solle vorher erst mal selbst ein ordentlicher Christ werden. Selbstverständlich bekäme ich die Adressen von ihm nicht.

Für meine Dissertation zu amtskirchlichen Konfliktlösungsverfahren, u. a. Kündigungen wegen Verletzung von Loyalitätspflichten, benötigte ich Rechtsanwaltsschriftverkehr und Gerichtsakten von Betroffenen. Dazu schaltete ich eine kleine Anzeige in Publik Forum. Tage später stand unser Ortspfarrer vor der Haustür. Er würde neu Zugezogene immer besuchen. Auf meine Bemerkung, wir wohnten bereits über drei Jahre hier, antwortete er: Sie haben da doch eine Anzeige geschaltet in Publik Forum. Ein Bekannter wolle wissen, was ich damit vorhabe. Ich ließ ihn herein und schilderte ausführlich mein Vorhaben. Zum Schluss bat ich ihn, mir nach meinen offenherzigen Erläuterungen doch fairerweise den Namen seines Bekannten zu nennen. Er stammelte: Ein Bekannter eben, und ging davon. Später erzählte ich diese Geschichte einem befreundeten Priester und wollte von ihm wissen, was es mit diesem Freund denn auf sich gehabt haben könnte. Er lachte und sagte: Dein Pfarrer war in meinem Weihejahrgang, den kenne ich, und der angebliche Freund war wahrscheinlich ein anderer unseres Weihejahrgangs: der Generalvikar. Einen zu diesem Erlebnis passenden Einleitungssatz eines Betroffenen, der mir sein Konflikterlebnis mit Amtskirche schilderte, werde ich nie vergessen: „Ich hoffe, dass Sie nicht von KiSi (Kirchlicher Sicherheitsdienst) sind!“

Anonym

34 Machtmissbrauch im Recht (und mit rechts)

Mittlerweile bin ich im dritten Bistum meiner zwölfjährigen Berufsbiografie als promovierte Theologin und ausgebildete Seelsorgerin angekommen. Die Gründe für dieses Pilgern liegen in Erfahrungen des Machtmissbrauchs von unterschiedlicher Intensität und auch Deutlichkeit. Machtmissbrauch kann nämlich lange sehr verborgen wirken …

Zu nennen wäre ein frisch geweihter Priester, der mir in einer Ausbildungseinheit „Spiritualität" beim Austausch über unsere persönliche Spiritualität in der Kleingruppe ganz klar ins Gesicht sagt, dass ich als Frau spirituell defizitär sei, da ich nie wie er als Mann und Priester Christus in der Feier der Eucharistie nahe sein könne.

Eine kritische Bemerkung gegenüber der Bistumsleitung in Bezug auf die Rolle der Frau in der Kirche beim Gespräch, nach welchem entschieden werden sollte, mich nach der Ausbildung fest anzustellen, hatte Folgen: Zwar wurde ich gnädigerweise in den Dienst übernommen, aber in einen Gemeindeverbund versetzt, in dem in einem Kirchengebäude eine Frau den Altarraum keinesfalls betritt, in der die polnischen und indischen Priester keinesfalls ihre Aufgaben auch noch mit einer Pastoralreferentin teilen. In einer ersten Pfarrgemeinderatssitzung fällt der Satz: „So etwas wie Sie brauchen wir nicht." Machtmissbrauch gibt es nicht nur durch den Klerus. Fast vergessen: Am ersten Arbeitstag bleibt mir der Zutritt zum Dienstbüro verwehrt. Man lässt eine Pastoralreferentin doch nicht einfach ins Pfarrhaus. Wir sind im Jahr 2012, nebenbei bemerkt.

Nach einer Erholungspause vom pastoralen Dienst in der Wissenschaft führt der Weg in ein neues Bistum. Das Stellenangebot „Leitung eines ökumenischen Zentrums" klingt gut. Doch was nützt offizielle Leitung, wenn sich die finanz- und verwaltungsrechtlichen Strukturen nicht an veränderte Verhältnisse angepasst haben? Mitarbeitende in der Verwaltung, Finanz- und Rechtsabteilung im Ordinariat müssen nicht mit mir als Leiterin und Vorsitzender des ökumenischen Trägervereins reden und verhandeln. Sie können einfach beschließen, Gebäude zu verkaufen, den Kindergarten zu schließen, befehlen, den Verein aufzulösen. Doch genau diese „Kleinigkeiten" teilen sie mir als der Vorsitzenden, die übrigens bei Fehlern in der Abwicklung zivilrechtlich persönlich haftbar gemacht werden kann, gar nicht mit. Die Pflichten sind für Frauen in Kirche mittlerweile enorm, die Rechte nicht immer dazu äquivalent. Immerhin, die Verwaltungsverantwortlichen haben natürlich den Pfarrer informiert, der jedoch die Information nicht weitergibt. Schließlich empfindet der Pfarrer der großen Kirchengemeinde das Zentrum schon lange als Last. So konnte es heimlich und hinterrücks abgewickelt werden – rechtlich einwandfrei, aber auch moralisch?

Fast zeitgleich wird mir Machtmissbrauch vorgeworfen, da ich mich gegen AfD-Funktionäre in wichtigen kirchlichen Ehrenämtern wehre und christlich-politische Bildung in der Pastoralkonzeption verankern möchte. Es geht hier nicht um ein Mitglied der Partei, sondern um einen Funktionär, der öffentlich widerchristliche Positionen äußert, z. B. dass eine Fernstenliebe gegenüber Geflüchteten skeptisch zu bewerten sei und man selektieren müsse, wem man in Deutschland helfe. Die Einzige, die ein langes inhaltliches Gespräch mit dieser Person suchte, war ich. Die redete, versuchte zu verstehen, erst dann handelte. Ich wehrte mich mit anderen Gemeindegliedern gegen seine heimliche write-in-Wahl in ein kirchliches Gremium. Doch die Rechtsabteilung sah das nicht gerne, hier überschreite ich meine Kompetenz als Pastoralreferentin, lautete die Reaktion. Schließlich habe ich mit meiner Aktion gegen
 Rechtspopulismus in Kirche meine Zukunft in diesem Bis-

tum verspielt, so lautet die Reaktion des Dienstvorgesetzten vor Ort.

Ich komme zum Schluss: Meine ehrlichen Abschiedsworte in der Gemeinde haben dem Herrn Pfarrer nicht gefallen. Daraufhin wird mir eine versprochene Sonderzahlung wegen freiwilliger Homeoffice-Bereitstellung (unabhängig von der Pandemie, sondern aus baulichen Gründen) nicht ausgehändigt. Gutmütig, wie ich war, gab es keine schriftlichen Vereinbarungen und ein gewisser Pflichtteil wurde auch gezahlt, aber mit enormen Abzügen.

Typisch kirchlicher Machtmissbrauch beginnt dort, wo vage „Absprachen" auf Vertrauensbasis Transparenz und Verbindlichkeit ersetzen. Pastorale Mitarbeitende im Laienstand übernehmen mittlerweile viele Pflichten und müssen dies oft auch, damit Seelsorge und Wirken von Kirche in den Seelsorgeeinheiten, Gemeinden, pastoralen Orten noch gut funktioniert. Doch rechtlich ist diese Übernahme von Verantwortung oft nicht gut geklärt. Und Bischöfe entscheiden vielfach ohne Rücksprache mit den Bewerbenden den Einsatzort und achten nicht auf Fähigkeiten und passende Arbeitsbedingungen, sondern schließen Lücken und nehmen Versetzungen auch als Maßnahme der Disziplinierung wahr.

Anonym

35 Wenn gesellschaftlich Akzeptiertes zum Problem wird

Ich begebe mich zurück in die 60er- und 70er-Jahre des vorigen Jahrhunderts. Schauplatz ist ein bäuerlich geprägtes Dorf an der – damals – tschechoslowakischen Grenze im Nordosten Österreichs. Das Dorf hat etwas mehr als 1.000 Einwohner*innen. Bis auf eine Handvoll Menschen sind alle katholisch getauft. In der ganzen Umgebung gilt Ähnliches.

Die „Autoritätspersonen“ des Dorfes sind der Pfarrer, der Bürgermeister, der Volksschuldirektor, der Gemeindearzt, der Tierarzt und einzelne Großbauern. Grundsatz im Alltagsleben: Jüngere haben Ältere immer zu grüßen und immer zuerst zu grüßen, ebenso Bedeutungsniedrigere Bedeutungshöhere. Grundsatz im katholischen Leben: Am Wochenende herrscht Sonntagspflicht. Nur Außenseiter*innen bleiben dem Messbesuch fern. So tummeln sich auf den Kirchenbänken auf beiden Seiten des Altares und direkt vor dem Altar die Kinder – auf der einen Seite die Mädchen, auf der anderen Seite die Buben. Die Frauen sitzen, die meisten Männer stehen gedrängt im Eingangsbereich der Kirche, unter der Orgel.

Ministranten – es sollte noch viele Jahre dauern, bis ein Nachfolger des damaligen Pfarrers Ministrantinnen zum Altardienst zulässt – gibt es in großer Zahl, nicht zuletzt auch deshalb, weil es etliche Vorteile bringt: Jedes Ministrieren bringt 2 Schilling, Taufen, Hochzeiten und Begräbnisse extra. Das Geld wird kurz vor dem Kirtag ausbezahlt. Da kann es schon um 200 bis 300 Schilling gehen – für einzelne Ministranten mit Naheverhältnis zum Pfarrer oder zum Mesner auch einiges mehr. Beim Ratschen in der Karwoche gibt es für Ministranten den doppelten Anteil an den gesammelten Spenden als für Nicht-Ministranten. Auf der anderen Seite müssen Ministranten aber auch damit rechnen, dass sie sich bei Unaufmerksamkeit oder Tratschen während der Messe vor der versammelten Kirchengemeinde eine klatschende Ohrfeige einhandeln. Ähnliches gilt „natürlich“ auch für die Kinder, die sich in den Bänken unterhalten. Auch sie erhalten „bei Bedarf“ eine Ohrfeige als „Ordnungsruf“.

Die Männer im Eingangsbereich – oder aus der Sicht des Pfarrers: ganz hinten in der Kirche – sind nicht „geschützt“. Bei Anschwellen des Lärmpegels unter der Orgel, also bei ausgiebigem Unterhalten im quasi geschützten Raum der Männergruppe, eilt der Pfarrer wütend durch die Kirche und treibt die Männer für den Rest der Messe nach vorne zu den freien Sitzplätzen der Kirche. Ausweichen können nur jene Männer, die ganz hinten stehen und die Gelegenheit nutzen, die Kirche vor dem Eintreffen des Pfarrers zu verlassen.

Nur die wenigsten Kinder, Ministranten und Männer lassen sich das *nicht* gefallen. Der Pfarrer ist „Autoritätsperson“. Die Eltern sind „Autoritätspersonen“. Der gesellschaftliche Druck (das gesellschaftliche „Ansehen“, die Gefahr einer „schlechten Nachrede“) schafft einen „Autoritätsrahmen“. Die Ohrfeige des Pfarrers für das Kind, für den Ministranten wird toleriert, ja: akzeptiert und befürwortet. Die Betroffenen haben es ja verdient. Und wenn sie „Glück“ haben, schließen die Eltern das Thema mit einer eigenen Ohrfeige (oder einer anderen Strafe) ab. Das Nach-vorne-Stampfen der Männer wird toleriert, ja: akzeptiert und befürwortet. Das Verhalten der Männer während der Messe ist ja unangemessen und für einen feierlichen Gottesdienst unpassend. Körperliche Züchtigung und öffentliches Bloßstellen ist jedoch nicht „nur“ dem Pfarrer „vorbehalten“. Beides gehört zum Alltag in vielen Familien, in den Schulen, am Arbeitsplatz (Lehrlinge!), in den Sportvereinen und an vielen anderen

Orten auch. Machtmissbrauch, körperliche Gewaltausübung, psychischer Druck und andere Formen des Missbrauches sind an der Tagesordnung in einem derartigen „Ordnungssystem".

Sind die 60er- und 70er-Jahre vergangen, vorbei? Vielleicht dürfte diese quasi „gesamtgesellschaftlich akzeptierte Form des Missbrauches" der Vergangenheit angehören. Doch überall dort,

- wo geliehene Macht als Freibrief für Grenzenlosigkeit angenommen wird,
- wo die Nähe von verletzlichen und hilfsbedürftigen Menschen für ungezügeltes Machtausüben ausgenutzt wird,
- wo die Reife einer Persönlichkeit nicht mit dem Ausmaß des Einflusses – aufgrund des übertragenen Amtes – auf andere Menschen gut korreliert,
- wo große Autoritätsgläubigkeit anvertrauter Personen von „Autoritätspersonen" als „Spielwiese" für Manipulation und mehr missbraucht wird,

überall dort werden auch heute, werden auch morgen Menschen gefährdet sein – die einen als potenzielles Opfer, die anderen als potenzielle Täter*innen.

Und wie ging es weiter in dem Dorf?

Was folgte, war zweierlei Leitungsversagen. Einerseits wurden von diözesaner Seite in den folgenden Jahrzehnten drei Pfarrer – zum Teil für lange Zeiträume – eingesetzt, die entweder für diese Pfarre oder als Persönlichkeit ungeeignet waren. Und andererseits lag ein Leitungsversagen dieser Pfarrer vor, da sie nicht in der Lage oder willens waren, aus der Rolle „Ich bin der Pfarrer" herauszuschlüpfen und Verantwortung zu übertragen.

Der eine Pfarrer, aus einem anderen europäischen Kulturkreis stammend und der deutschen Sprache nur eingeschränkt mächtig, betrieb zwar den Tausch des einfachen nachkonziliaren Altartisches gegen einen barocken, konnte aber aufgrund der genannten „Handicaps“ als Seelsorger nur bei den treuen älteren Gemeindemitgliedern wirksam werden. Der nächste Pfarrer war ein sehr introvertierter Mensch, der sich zu einem guten Teil in den Pfarrhof zurückgezogen bzw. regelmäßig erst am Abend seine Spaziergänge unternommen hatte – Letzteres augenscheinlich deshalb, um nicht mit Menschen in Kontakt zu kommen. Der dritte Pfarrer kam aus einem oberösterreichischen Kloster in die niederösterreichische Pfarre. Er verließ den Ort regelmäßig unmittelbar nach der Sonntagsmesse, ohne sich noch unter das Gemeindevolk zu mischen, und kehrte erst am Montagabend zurück. Nach einigen Jahren zog er unvermittelt und für die Gemeinde überraschend weiter.

Diese „dürren“ Zeiten haben – neben den gesellschaftlichen und gesamtkirchlichen Entwicklungen – massive Auswirkungen auf das Pfarrleben gehabt. Nahezu leere zwei Kirchen im Pfarrgebiet, Überalterung der sichtbaren Pfarrangehörigen, kaum Kinder und Jugendliche, wenige Initiativen waren das Ergebnis. Heute ist die Pfarre in einen Pfarrverband integriert. Der Pfarrverband umfasst 8 Pfarren. Von einem Ende des Pfarrverbandes zum anderen sind es 22 km. Das Hoffnungszeichen für meine Heimatpfarre ist der Pfarrer des Pfarrverbandes und gleichzeitig Dechant-Stellvertreter eines 19 Pfarren umfassenden Dekanates – ein engagierter, erfahrener und geeigneter Seelsorger. Vorbei ist die Zeit und sind die Erfahrungen der Übergriffigkeit jedoch nicht. Sie stecken den Menschen bis heute in den Knochen, haben ihre Identität und ihr Verhältnis zu Macht und Machthabenden geprägt. Die Kirche ist in den letzten Jahrzehnten nicht nur auf dieselbe Weise mit Menschen umgegangen wie andere gesellschaftliche Institutionen auch. Sie hat diese Muster zuweilen noch perfide gesteigert, weil sie absolute, letztgültige, gottgegebene Macht besaß.

Das muss erkannt werden, will man glaubwürdig aufarbeiten und sich als System ändern.

Josef Waiß

36 Lieber nicht taufen als evangelisch?

Meine Mutter, katholisch, aus dem Bergischen Land, und mein evangelischer Vater aus Thüringen heirateten 1955 in Bergisch Gladbach. Es war eine katholische Trauung, da das für meine gläubige Mutter und ihre Familie selbstverständlich war. Meine Mutter hatte stets regen Anteil am Gemeindeleben genommen und regelmäßig die Heilige Messe besucht. Mit der katholischen Trauung verpflichtet man sich, spätere Kinder katholisch zu taufen. Das war auch so geplant, bis sich nach meiner Geburt herausstellte, dass von der evangelischen Verwandtschaft meines Vaters niemand als Pate akzeptiert wurde. So wurde meine Taufe immer weiter verschoben in der Hoffnung, noch eine Änderung dieser Ansicht zu erreichen. Während eines Besuchs in Thüringen bei der Verwandtschaft meines Vaters wurde ich so schwer krank, dass der Arzt eine zügige Taufe empfahl. Einen katholischen Geistlichen gab es weit und breit nicht, und so wurde ich evangelisch getauft, mit katholischen und evangelischen Paten. Zum Glück wurde ich wieder gesund, doch meine Mutter belastete diese Situation, weswegen sie, zurück in Düsseldorf, wo sie seit der Hochzeit mit meinem Vater lebte, einen katholischen Priester aufsuchte, dem sie alles erzählte. Dieser teilte ihr mit, dass sie eine schwere Sünde begangen hätte. Gleichzeitig exkommunizierte er sie! Dieses Wissen bzw. dieser Ausschluss von den Sakramenten belastete meine Mutter jahrzehntelang, und sie ging nicht mehr zur heiligen Messe bzw. zur Kommunion.

Wir sind dann mit meiner Mutter regelmäßig in die evangelischen Gottesdienste gegangen. Gespräche mit evangelischen Pfarrern haben sie darin bestärkt, so dass sie sich eingeladen fühlte. Trotzdem war durch den Verlust der katholischen Pfarrei als Heimat ein Gefühl der Schuld bei ihr vorhanden, dem Anspruch ihrer Kirche nicht gerecht geworden zu sein.

Jahrzehnte später, ca. 2010, hat meine Mutter in ihrem Zweitwohnsitz Garmisch-Partenkirchen einen Mönch zu einem Gespräch aufgesucht, der ihr in einem Beichtgespräch die jahrzehntelange Last von den Schultern nehmen konnte. Damit sollte es ein halbes Jahrhundert dauern, bis meine Mutter wieder die Möglichkeit bekam, vollumfänglich an der heiligen Messe teilzunehmen.

Über all die Jahre ist meine Mutter Mitglied der katholischen Kirche geblieben und hat damit auch Kirchensteuer gezahlt.

Vor drei Jahren sollte mein Enkelkind in München katholisch getauft werden, da meine evangelische Tochter die religiöse Erziehung eher bei ihrem katholischen Mann sah. Wie groß war unser Entsetzen, dass immer noch keine evangelischen Paten akzeptiert werden. Daraufhin wurde nun auch mein Enkel evangelisch getauft.

Durch meine katholischen Großeltern, die wir sehr oft besuchten, bin ich als Kind regelmäßig mit zur Messe gegangen. Ich habe daher einen recht ökumenischen Blick auf die Konfessionen, den ich auch an meine Kinder weitergegeben habe. Es ist furchtbar, dass meine Mutter über so viele Jahre mit einem Gefühl der Schuld leben musste, da ihr die katholische Kirche immer Heimat war. Wäre sie damals an einen Seelsorger anstatt diesen übereifrigen Gemeindekanonisten geraten, hätte sich ihr Glaubensleben in ihrem ganzen weiteren Leben grundsätzlich anders gestaltet.

Anonym

37 Der Wille Gottes damals und heute

Wir hatten in meiner katholischen Heimatgemeinde in den 60/70er Jahren eine engagierte Gruppe der Katholischen Jugend. Pfarrjugendführerin war eine sehr geradlinige und glaubwürdige Frau, eine Religionslehrerin. Ich fühlte mich in diesem Kreis sehr wohl, obwohl ich damals schon etwas älter war als die anderen Mitglieder, doch daran nahm niemand Anstoß.

Das änderte sich schlagartig, als ich am 1. Januar 1969 der SPD beitrat. Den Jugendlichen in der Gruppe war das völlig egal, nachdem ich dort genauso wenig wie auch ansonsten in der Gemeinde „Reklame" für die Partei machte.

Es gab aber eine „fromme" Dame, die die ganze Gemeinde durcheinander-intrigierte. Und der war meine Mitgliedschaft in der SPD und in der Pfarrjugend ein Dorn im Auge. „Die verdirbt die Jugend", hetzte sie ständig an den Pfarrer hin. Als ob ich als städtische Verwaltungsangestellte nicht gewusst hätte, dass Parteipolitik in der Kirche, genauso wie im öffentlichen Dienst nichts zu suchen hat.

Der Pfarrer, ein starker Alkoholiker, hörte sich gerne jeden Tratsch an und beurteilte seine „Schäfchen" danach. Nachdem die „fromme" Dame ihre Aktivitäten nicht einstellte, schritt der Herr Pfarrer zur Tat. Im Vollrausch wankte er in unsere Gruppenstunde, titulierte mich als alte Kuh und forderte mich auf, die Gruppe zu verlassen. Daraufhin hat die Pfarrjugendführerin, ein eingeschriebenes CSU-Mitglied, gesagt „Herr Pfarrer, wenn Sie so ein Demokratie-Verständnis haben, können Sie mich gernhaben." Sprach's, warf hin und ging mit mir aus der Türe.

Als ich 25 Jahre in der SPD war und meine damalige Pfarrjugendführerin 25 Jahre in der CSU, sagte sie zu mir: „Wir müssen unsere Jubiläen feiern." Das taten wir und ein

Vierteljahr später ging ich hinter ihrem Sarg her. Sie wurde nur 43 Jahre alt. Ich werde sie nie vergessen.

Ein Erlebnis der ganz anderen Art hatte ich erst vor kurzem. Regelmäßig poste ich Artikel von katholisch.de auf Facebook. Zwar kritisiere ich manches mit deutlichen Worten, vermeide es aber tunlichst, jemanden in irgendeiner Weise zu nahe zu treten. Es gibt allerdings Leute, die fühlen sich bereits dann persönlich angegriffen, wenn ich ganz allgemein von den „Rückwärtsgewandten“ rede.

Nun hat es einem Herrn, der sich selbst als „guten Katholiken“ bezeichnet, nicht gepasst, dass ich eine andere Meinung habe als er und seinen Kommentar kritisiert habe, ohne ihn zu beleidigen.

Was dann kam, habe ich noch nie erlebt. Anstatt – wie andere es tun – mir zu schreiben, dass er meine Ansichten für Unsinn hält, erging er sich in derart ordinären Beschimpfungen, dass es mir die Sprache verschlug, was nur ganz selten vorkommt.

Es würde den Rahmen dieses Beitrags sprengen, wollte ich all die Unverschämtheiten, die dieser „feine Herr“ über mich herabgoss, auflisten. „Du alte rote Schlampe, Dich sollte man aus der Kirche jagen“ war noch das harmloseste „Kompliment“. Und außerdem empfahl er mir, ich solle gefälligst „ans Sterben“ denken und auf dem Friedhof schon mal „probeliegen“. Und auf meine Bitte, seine Anwürfe mit Argumenten zu belegen, kam: „Argumente würdest ja Du Dummfotze eh nicht verstehen.“

Nun, ich habe ein für solche Fälle passendes Sprichwort „Vom Ochsen kann man halt nur Rindfleisch erwarten.“ Würde ich mich weiter mit ihm abgeben, verhülfe ich ihm ja nur zu einem Erfolgserlebnis. Offenbar bereitet es ihm Freude, andere fertigzumachen.

Anderseits erfahre ich – in aufgeschlossenen Kreisen – viel Wertschätzung.

Was hat das Erlebnis von 1969 mit heute zu tun? Auf den ersten Blick nichts, denn ein Rauswurf wegen Zugehörigkeit zur „falschen" Partei ist heute kaum mehr denkbar und damals gab es so etwas wie Facebook noch nicht. Verblüffend ist aber, dass die handelnden Personen damals wie heute offenbar dieselbe Überzeugung treibt: nämlich dass sie diejenigen sind, die den Willen Gottes kennen und durchsetzen dürfen/müssen. Ob sie seine Telefonnummer kennen und ihn regelmäßig anrufen? Wenn sie so sicher sind, dass ihre Art zu handeln gottgefällig ist?

Mein Fazit: Menschenverachtender Umgang miteinander innerhalb der katholischen Kirche ist nicht Vergangenheit, sondern immer noch Gegenwart. Offenbar hat sich das System in 50 Jahren nicht grundlegend geändert.

Anonym

38 Ohnmacht in der Pastoral

25 Jahre arbeite ich bisher als Priester. Meine Aufgabe führte mich in die Unvorhersehbarkeit der Begegnungen mit den Menschen.

Zurzeit befinden wir uns als katholische Kirche im Gericht der Nachfahren von Menschen, die durch die geistliche Macht ordinierter Menschen schamlos missbraucht wurden. Diese Situation führt uns jetzt zum Selbstgericht, aus dem zu entkommen wir nicht mehr wagen. Für mich ist der Ort des Erschreckens vor geistlicher Macht darin zu entdecken, dass wir von dieser Macht nichts mehr wissen, dass wir davor nicht mehr erschrecken. Wir müssen dafür Sorge tragen, dass wir umgetrieben werden von der Sorge um die Menschen. Der „homo incurvatus in seipso" – der in sich gekrümmte Mensch, das „cor incurvatum in seipsum" – die Selbstverkrümmung des Herzens und das zeitweilige Ausgeliefertsein an den heimlichen Narzissmus stehen immer in Gefahr, bei der geistlichen Begleitung vergessen zu werden. Der geistliche Missbrauch geschieht durch die Manipulation einer Person, die man subtil und verlegen verstört macht, damit sie in eine Abhängigkeit gerät: eine Abhängigkeit zu mir als geistlichem Begleiter und weiter „zu Gott hin", der es ja „nur gut" mit dir meint. Zuvor muss durch die geistliche Begleitung die Person „leer", „gefügig" gemacht und ein Gefühl der „Sinnlosigkeit" vermittelt werden.

Da die geistliche Begleitung meistens von Menschen mit Sinnfragen und Glaubensfragen in Anspruch genommen und bewusst eine Form der längeren Begleitung gesucht wird, werden ohne weiteres geistliche Begleiter*innen aufgesucht, denen unhinterfragt moralische Integrität und uneingeschränkte Vertrauenswürdigkeit attestiert wird. Die anziehende Spiritualität und die freundliche Ausstrahlung der geistlichen Begleiter*in erweist sich erst viel zu spät als eng und verkrümmt. Den geistlichen Begleiter*innen wird unkritisch und unhinterfragt jene Kompetenz zugetraut, die einem zu einem spirituellen Weg und zu einer tieferen Beziehung zu Gott verhelfen kann. In dieser Situation überantwortet sich jemand der Autorität einer geistlichen Begleitung, die zunächst überzeugend und aufrichtig, ehrlich und authentisch ist, jedoch Hinweise unterbreitet, die anfangs in eine große Sicherheit führen, die abhängig macht. Es gibt eine Fülle von „verkehrten", „rücksichtslosen" und „vernachlässigten" Bindungen an Menschen, die zu einer verstörten seelischen Grundhaltung führen, der man nur mehr schwer entkommen kann.

In der geistlichen Begleitung selbst durfte ich durch Aus- und Weiterbildung erfahren, wie weitgehend und zerstörerisch geistlicher Missbrauch sein kann. Einige Beispiele sollen verdeutlichen, wie subtil der geistliche Missbrauch tatsächlich ist und wie sehr er Menschen in eine Abhängigkeit vom Begleiter führt, der wiederum in einer narzisstischen Verstörung lebt, die die fatale Zurückwerfung auf unbedachte Eigenliebe als sublime Form zur Folge hat:

1. Die Formen von religiösen Abhängigkeiten können zu schweren seelischen Störungen führen. Erst kürzlich kamen Eltern eines fünfjährigen kranken Kindes zum Gespräch – irritiert und verstört – und baten um Hilfe. Diese Familie schilderte detailliert die zwanghafte Vorstellung, „Gott wird im Namen Jesu unseren Sohn heilen." Über Jahre hinweg stellte sich jedoch keine Heilung ein. Da der geistliche Begleiter eine Vertrauensperson der Familie war, konnten sie sich von ihm anfangs nicht lösen, weil sie eine enge Freundschaft mit ihm eingegangen waren. Erst nach zwei Jahren trennten sie sich von ihm. In dieser geistlichen Begleitung legte ich verstärkt den Blick auf das Annehmen der konkreten Situation der Erkrankung und des leidvollen Ertragens. Sehr stark merkte ich schließlich, dass es den Eltern um den Blick des Mitfühlens, des Verstehens und der Wertschätzung ihrer Situation ging. Nicht das Einfordern eines Wunders von Gott, sondern die Zuversicht und die Kraft, die Hoffnung und die Geduld, den wertschätzenden Blick der Liebe suchten die Eltern. Das Kostbare in jedem kranken Menschen und der Pflegenden darf hervorgehoben werden. Dieser konkrete spirituelle oder auch religiöse Missbrauch, welcher zu einer Abhängigkeit führte, bedeutete zudem, dass Gott, die Religion und der geistliche Begleiter selbst als ein Mittel zur Flucht vor den schmerzhaften Gefühlen der Eltern dienten. Diesem Missbrauch kann man bewusst entgegenwirken in einer Ausbildung, worin konkrete Fälle dieser Art geschildert werden.

2. In den neu aufbrechenden religiösen Glaubensgemeinschaften der Kirche gibt es zunehmend die Tendenz

von spiritueller Überfrachtung. Jedes Geschehen und jede Wirklichkeit wird auf Gott hin gedeutet, der als „Demiurg“ mit seiner göttlichen Hand alles leitet und nichts dem Zufall überlässt. In der geistlichen Begleitung wurde ich angefragt, einzuwirken und konkret Hilfe zu leisten, um aus dieser verkehrten Bindung an das Religiöse herauszufinden. In diesem konkreten Beispiel ging es vor allem darum, die Haltung des Menschen zu ändern, der dahingehend manipuliert wurde, dass das Gebet nach den Anweisungen des geistlichen Begleiters das einzig zielführende wäre. Diese Abhängigkeit von Gott und dem geistlichen Begleiter führten zu einer gravierenden Schwächung eigener Kompetenz und Selbstverantwortung.

Die Autorität zu benützen, um andere Menschen zu unterdrücken, für sich gefügig zu machen, einen Druck aufzubauen, der ängstigt, Vertrauen verstört und seelische Wunden zufügt, kann selbstverständlich ein bewusstes Einsetzen von Autorität sein. Wird die Autorität jedoch in einer naiven Form und nonverbal über die emotionale Ebene im Unbewussten genährt und aufgebaut, nimmt sie einen „in den Griff“ und lässt nicht mehr los. Die Gefühlsebene wird eingeengt und verkümmert zu einer Abhängigkeit zum Begleiter hin. Der geistliche Missbrauch schreibt sich als psychische Wunde in die menschliche Seele ein und fügt den Menschen großen Schaden zu in Form von Vereinsamung und Störung des eigenen Selbstwertes. Er führt zu katastrophalen Folgen von Brüchen in den Beziehungen und zu Isolation zu sich selbst.

Die verheerende Wirkung des geistlichen Missbrauchs in der Begleitung von Männern, die den Wunsch verspüren Priester zu werden, liegt darin, dass der geistliche Begleiter – obgleich fast nicht vorstellbar – sich ein Vertrauen erschleicht, welches kindlich und in starkem Maße manipulierbar ist. Der Übertritt eines jungen Ordensmannes in ein diözesanes Priesterseminar zeigte unlängst bei einem Novizen die Erfahrung großer Abhängigkeit zu einem Novizenmeister und zu einem geistlichen Begleiter. Viel zu spät wahrgenommen, mit einem großen Vertrauensvorschuss gegenüber den Vorgesetzten und dem geistlichen Begleiter und mit der Einschüchterung, „dass das Böse ihn vom Weg abringen und verführen will", musste sich der junge Mann wiederum auf den Weg machen, seine Unabhängigkeit gegenüber dem geistlichen Begleiter zu erreichen. Die große Tragik liegt jedoch vor allem darin, dass über Tage hindurch Exorzismen über diese Person gesprochen wurden. Auch Berufungswochenenden, flammende Predigten über Berufungen, wo gewinnende Personen zu den Menschen sprechen, die den Anspruch erheben, dass Gott durch sie spricht, begeistern immer noch Menschen, um sich auf diesen Ruf einzulassen. Immer wieder musste ich als geistlicher Begleiter erfahren, dass es geistliche Begleiter*innen und Exerzitienbegleiter*innen gibt, die konkret äußern, dass sie die Kompetenz haben zu beurteilen, ob die besagte Person berufen ist oder nicht. Sehr schmerzlich und auch unter großem Zeitaufwand erfahren die Betroffenen, dass sich der Ruf in die Nachfolge Jesu nachträglich als der Ruf eines ganz anderen erweist. Die geistliche Erziehung schrieb vor, seinen eigenen Verstand und seinen eigenen Gefühlen zu misstrauen. Sowohl die geistliche Begleitung als auch das Sakrament der Beichte waren in den Händen der Oberen Werkzeuge der Überwachung, der Demütigung und der Manipulation. Auch das Beichtgeheimnis wurde nicht eingehalten. Dinge, die dem Beichtvater gesagt wurden, erfuhren auch die Mitbrüder, damit sie sich sorgen um jenen, der einen großen Fehler begeht, da er den Orden verlassen möchte.

Eine verkehrte geistliche Haltung liegt vor, wenn sehr viel Wert auf die Beachtung von Vorschriften gelegt wird, die keine andere Bedeutung haben, als das System zu stärken. Die Seins-Totalität, in der wir uns täglich befinden und die der Vernunft auch vorausgeht, bevor ich noch zustimmen oder ablehnen kann, und die in unseren Begegnungen gelebt wird, verlangt eine Verantwortung für den Anderen. Dennoch geschehen hier die allermeisten Verletzungen.

Ernst Wageneder

IV
Missbrauch durch Fokussierung auf andere Ziele

39 Die kirchliche Lehre kennen!

Als inzwischen ältere evangelisch-reformierte Pfarrerin erzähle ich Ihnen von meinen Erfahrungen damals, lang ist's her, als ich noch jünger und römisch-katholisch war. Ich erzähle Ihnen von einer Zeit vor ca. 25–30 Jahren, als diese Kirche der Gesellschaft schon seit Jahrzehnten in allen wesentlichen Belangen der Gleichstellung hinterherhinkte und alle zugehörigen theologischen Fragen längst zugunsten einer möglichen Einführung der Frauenordination geklärt waren.

In meiner Blase an der Theologischen Fakultät wussten das auch alle. Aber es war genauso klar, dass ein offenes Eintreten für Priesterinnen eine Karriere unmöglich machen würde. Was tat man also? Viele Priester, auch in leitenden Positionen, betonten, dass sie „eigentlich" durchaus für die Einführung der Frauenordination seien. Allerdings müsse frau noch ein wenig Geduld haben. Schließlich sei die römisch-katholische Kirche eine Weltkirche. Zwar mag es in ihr regional unterschiedliche Riten geben, aber die Frage der Frauenordination sei doch von anderer Bedeutung. Man denke nur an die Ökumene (nein, nicht an die mit den Evangelischen). Zudem gäbe es einfach Wichtigeres, etwa die Bereitschaft, im Sinne Christi heiligmäßig zu leben und einander zu dienen, oder den drohenden Glaubensverlust der Jugend überwinden zu helfen, vor allem aber Kaffee zu kochen, Kuchen zu backen und die Altarwäsche zu waschen. Und den Frauen in Afghanistan ging es auch damals schon sehr viel schlechter als den Katholikinnen in Deutschland.

Ich war gutwillig angetreten: Eine junge Ordensfrau, Theologie und Philosophie studierend, aufgewachsen in einer Kirchgemeinde, in der es keine Messdienerinnen gab, und daran gewöhnt, dass immer, wenn es in der Kirche um etwas Wichtiges ging, die Gemeinde einen Priester brauchte. Sogar in der Ordensgemeinschaft wurden Priester eingeladen, um die Eucharistiefeier zwar nicht vorzubereiten, aber ihr doch als einziger Mann unter vielen Frauen vorzustehen. Solcherart priesterliche Unterscheidung zwischen der Arbeit anderer und eigener Leitung fand ich äußerst attraktiv. Im Studium habe ich zudem erlebt, wie stark Priesteramtskandidaten privilegiert wurden, Theologinnen hingegen als überflüssig galten. Sie baten das Bistum um die Einrichtung von Stellen für DiplomtheologInnen. Zwar meist fachlich besser qualifiziert, waren sie bereit, lebenslang in ihrer Arbeit geweihten Männern unterstellt zu werden, und sei es dem frisch ordinierten jungen Kaplan.

Ich wunderte mich und las. Dabei entdeckte ich, dass die römisch-katholische Lehrmeinung mir in ihrer Klarheit nie vor Augen gestellt worden war: Frauen sind nach – bis heute (!) in Geltung stehendem – römisch-katholischem Kirchenrecht nicht weihefähig. Männer können sieben, Frauen nur sechs Sakramente empfangen; denn nach römisch-katholischer Lehrmeinung sind Frauen Christus nicht ähnlich genug, um an Christi statt der Eucharistiefeier vorzustehen. Jeder Mann, auch ein Missbrauchstäter, ist Christus von Natur aus ähnlicher als eine heiligmäßig lebende Frau. Und da Sakramentenspendung wie Leitungsvollmachten weitgehend an die Weihe gebunden sind, kann mann auch bei bestem Willen nichts daran ändern, dass Krankenhausseelsorgerinnen keine Krankensalbung spenden dürfen und Frauen ausschließlich bei Männern beichten müssen. Voller Bewunderung für die männliche Kirchenleitung stand mir der Mund offen: Was für eine praktische Idee, dass es ein Geschlecht gibt, das von Natur aus dienstbar zu sein hat!

Bald fand ich das allerdings nur noch bedingt komisch und setzte mich mit Veröffentlichungen, Vorträgen, kleinen

Demonstrationen und Wallfahrten für die Überwindung dieser frauenfeindlichen Lehre ein. Inzwischen war ich wissenschaftliche Mitarbeiterin an der Universität und Dozentin für Neues Testament an einer Fachakademie zur Ausbildung von Gemeindereferentinnen. Als 1998 die Lehre von der nur Männern vorbehaltenen Priesterweihe durch ein kirchenrechtliches Schreiben zu den definitiven Wahrheiten gezählt wurde, denen Glaubensgehorsam geschuldet ist, wurde ich zu zwei Gesprächen einbestellt und vom Bischof abgemahnt. Es gehe ihn ja nichts an, was ich persönlich denken würde, aber mein öffentliches Eintreten für die Frauenordination müsse ich aufgeben. Ich weigerte mich. Also wurde mein Vertrag an der Fachakademie nicht mehr verlängert. Man müsse die einfachen Gläubigen schützen vor einer Verunsicherung durch von mir ausgebildete Gemeindereferentinnen. Mir war klar, dass ich nie mehr eine Anstellung in der römisch-katholischen Kirche erhalten würde.

Gleichwohl bin ich erst 2003, also fünf Jahre später, nach reiflicher Überlegung aus der römisch-katholischen Kirche und damit auch nach 18 Jahren aus der Ordensgemeinschaft ausgetreten. Zu weiterer Geduld mit dem Unrecht wollte ich mich nicht mehr auffordern lassen. Gerechtigkeit und Nächstenliebe sind Kernthemen biblischer Verkündigung, Frauen nicht ausgenommen.

Die ersten Jahre nach meinem Austritt habe ich an einer Hochschule in Indonesien gelehrt. 2011 bin ich in der Schweiz evangelisch-reformiert geworden. Nach meinem Vikariat wurde ich im Jahr 2013 ordiniert und arbeite seitdem als Pfarrerin.

Ruth Schäfer

40 Heil los, Macht los, Mann los – Wie ich meinen Mann verlor

Für A.

Lieber Ausbildungsleiter,

in den 1990er Jahren absolvierte ich unter Deiner Leitung die Seelsorger:innenausbildung.
Vieles habe ich in positiver Erinnerung.
Einzelnes, aber Wesentliches, während der Ausbildung hat mir, sicher ohne Dein Wollen, sehr geschadet, bzw. ich habe zugelassen, dass es mir geschadet und mich geschädigt hat. Das liegt mir „auf der Seele“, das liegt mir auf der Psyche. Davon möchte ich Dir heute endlich berichten.

Mit Freude begann ich meine Ausbildung unter Deiner Leitung.
Etwa ein Jahrzehnt zuvor hatte ich den Berufswunsch „Theologe/Seelsorger“ entdeckt und seitdem darauf hingearbeitet, durch ehrenamtliches Engagement, durch Studium, indem ich mich in Exerzitien befragt hatte usw., wie es Dir gut vertraut ist.
Während des Studiums habe ich – nicht freiwillig! – auf ein Verlieben und auf eine Partnerschaft/Ehe verzichtet: Ich wollte nicht „unehelich“ leben und dadurch den Seelsorge-Beruf im Dienste der Menschen, in dem ich meine Berufung sah, gefährden.
Als ich im Spätsommer vor Beginn des Ausbildungsjahres die Zusage bekam, ich also „angenommen“ war, sagte meine innere Stimme mir sehr dankbar: „Jetzt kann der Partner ja kommen.“ Und tatsächlich: drei Tage später, nachdem ich samstags im Schwulenzentrum abgetanzt hatte und schon gehen wollte, stand er vor mir: Unsere Blicke berührten sich, unsere Augen funkelten, wir stell-

ten uns einander vor und lernten uns kennen. Ich erlebte, ich konnte es kaum glauben, „Liebe auf den ersten Blick".

Er war aus einer anderen Stadt, wir telefonierten, besuchten uns gegenseitig und begannen eine Fernbeziehung. Zwei Wochen später zog ich in meine kirchliche Dienstwohnung nahe der Einsatzgemeinde ein. Dies tat ich nicht freiwillig, denn ich wollte meine Privatheit, die ich mir seit dem Auszug aus dem Elternhaus und dem Erwachsenwerden erarbeitet hatte, nicht aufgeben. Aber die Dienstwohnung war größer als meine ehemalige Studentenbude, und ich ließ mich, betört durch die Ausbildungszusage und die größere Quadratmeterzahl, die mehr Platz für zwei Menschen bot, mit „Bauchschmerzen" darauf ein.

Genau in dieser Studentenbude hatte ich einige Zeit zuvor einem Kolleg:innenpärchen Asyl zum Leben ihrer Liebe geboten. Jetzt in meiner erstmaligen Dienstwohnung saß ich also in der Klemme: in dem gut gebauten, doch hellhörigen kirchlichen Reihenhaus in der Mitte zwischen Pfarrbüro und kirchlichem Stadtteilbüro fühlte ich keine Luft zum Atmen – keinen Raum für meine Liebesbeziehung.

Mein Freund kam ca. alle 14 Tage zu Besuch, Freude und Leid: „Wer von den Nachbarn erkennt uns als Paar? Wer ist gar eifersüchtig? Was ist, wenn mir die Arbeit und damit auch die Dienstwohnung gekündigt würde?" Die Angst, dann ohne berufliche Zukunft UND ohne Wohnung dazustehen.

Mein Freund, in Bayern kirchengeschädigt, konnte meinen Dienst als Seelsorger nicht begreifen. „Wie kannst Du für diese ‚Verbrecherbande' arbeiten?" fragte er mich inständig und häufig. Ich war erschrocken, wollte ich doch die Welt mit christlichen Werten positiv zum Besseren mitgestalten, wie mein Heimatpfarrer es jahrzehntelang glaubhaft vorgelebt und gepredigt hatte: „damit sie das Leben in Fülle haben" (Joh 10,10).

Und ich liebte nun meinen Freund, ja meine Seele sagte mir „meinen Mann“. Ich konnte erstmals die „Heiligkeit des Körpers“ im anderen erkennen – und sogar die katholische Ehevorstellung der Dauerhaftigkeit von Beziehung ein wenig zu verstehen beginnen, ich wollte „mit ihm alt werden“.

Ich glaubte aber, ihn nicht der Gemeinde vorstellen zu dürfen. Nicht nach Gottesdiensten, nicht in geselligem Beisammensein. Er war quasi eine „Nicht-Person“, er, mein Mann, den ich glaubte, verstecken zu müssen. Gruselig. Zutiefst verletzend für ihn und für mich. Von Gott geschenkte Leidenschaft und Begabung des Liebens, die in kirchlichen Arbeitsverhältnissen immer noch Leiden schafft.

Zu Beginn meines Pastoralkurses fragte ich Dich, meinen Ausbildungsleiter, ob Beziehungen auch in kirchlichen Dienstwohnungen gelebt werden könnten. Du sagtest, „das würde ich eher nicht empfehlen“. Meine Hoffnung auf Entlastung verkehrte sich ins Gegenteil – in Angst. Mein (guter) Mentor in der Pfarrgemeinde konnte meine Not nicht erkennen, als ich ihm die gleiche Frage stellte und er auf Deine Antwort verwies.

Die Freude, endlich „meinen“ Beruf ausüben zu dürfen, wurde überlagert durch die große Angst, unsere Fernbeziehung würde entdeckt! Die Angst, die dazu führte, dass ich bei der Liebeserklärung meines Freundes am Telefon vor Freude und Angst in Tränen ausbrach und so antwortete, dass unsere Beziehung unrettbar implodierte.

Wir beide Liebenden waren absolut überfordert. Unsere Beziehung am Ende.

Ich bestand trotz allem privaten Leid meine kirchliche Dienstprüfung gut, doch nach einigen weiteren Jahren im kirchlichen Seelsorgedienst konnte ich nicht mehr. Ich musste mir eine andere Stelle suchen und mich endlich ein-

mal um mich kümmern. Meine besten Freunde empfahlen mir einen Aufenthalt in einer psychosomatischen Klinik.
Als ich diese Kur von der Krankenkasse gewährt bekam, empfing mich dort ein Krankenpfleger, führte mich zu meinem Zimmer und sagte: „Du bist nicht schwer krank, du hast nur die Schwierigkeit, dass du, angesichts deines Arbeitgebers, deine Liebe nicht ausleben kannst …"
Heute arbeite ich als Lehrer, ich habe mich bei der Schulleitung geoutet und kann wieder „als ganzer Mensch" präsent sein. Ich bete (und engagiere mich) dafür, dass zukünftig Mitarbeiter:innen im kirchlichen Dienst solch unnötiges Leid erspart bleibt!
Es muss jetzt endlich in der katholischen Kirche die Liebe von gleichgeschlechtlichen Paaren, von Wiederverheirateten, sowie von Bisexuellen und Trans- und Interpersonen anerkannt werden!
Ich wünsche mir, dass sich auch Menschen wie Du dafür leidenschaftlich einsetzen.
Zu viele – auch klassische Langzeitehepaare – haben zu lange genug unter der konservativen, lebensfeindlichen traditionellen katholischen Sexualmoral gelitten!

Dein N. N.

Anonym

41 Wendepunkt

Dieses Buch gibt mir die Möglichkeit, von irritierenden Erlebnissen aus meinem aktiven Leben in der katholischen Kirche Zeugnis zu geben. Diese Irritationen bewegten mich vor gut 17 Jahren, in die evangelische Kirche zu konvertieren. Und dies nicht, weil ich glaubte, die Protestanten seien die „makelloseren“ Christen oder das evangelische System sei gegenüber dem katholischen das „bessere“. – Nein, ich war damals wahnsinnig wütend und enttäuscht von „meiner“ Kirche.

Glückicherweise musste ich nie selbst erleben, wie Christen ihre Macht, ihre Autorität auf das Äußerste missbrauchten. Oder, dass die katholische Kirche justiziable Gewalttaten eines hauptamtlichen oder ehrenamtlichen Schuldigen vertuschte.

Welche Erlebnisse haben mich zur Wende bewogen?

Als junge Frau erlernte ich den Beruf des Grafik- und Kommunikationsdesigners. Während meiner ersten Berufsjahre engagierte ich mich in meiner Kirchengemeinde in der Kinder- und Jugendarbeit. Dort erlebte ich eine sympathische Aufbruchstimmung, spannende Bildungsangebote und ein gutes Miteinander. Daher entschied ich mich, den Beruf der Gemeindereferentin zu erlernen. Zu der Zeit dauerte die Ausbildung inklusive zweier Anerkennungsjahre sechs Jahre. Nach zweieinhalb Jahren, im praktischen Jahr, brach ich den Beruf ab, kehrte beruflich zurück ins Agenturleben und konvertierte in die lutherisch-evangelische Kirche.

Während der Seminarzeit und der nur kurzen praktischen Zeit erlebte ich unerwartet oft, dass sich hauptamtliche Mitarbeiter untereinander und/oder am System der katholischen Kirche aufrieben. Pauschal geurteilt, empfand ich die Arbeitsatmosphäre gehäuft als destruktiv. Unzufriedenheit und Neid herrschten zwischen den Berufsgruppen vor. Und mit Blick auf die mir wertvollen gesellschaftlichen Werte wie Gleichberechtigung, selbstbestimmte Sexualität und Menschenrechte wollte ich die katholische Kirche als Arbeitgeberin nicht immer wieder vor Familie, Freunden und Ex-Kollegen entschuldigen müssen.

Stellvertretend für eine ganze Reihe irritierender Erlebnisse hier nur drei kleine Anekdoten:

Im ersten Seminarjahr wurde mein Kurs vom Schuldekan der Diözese auf einen Willkommenskaffee eingeladen. Zur Begrüßung wandte sich der Dekan sinngemäß wie folgt an uns: „Es ist ja schön, dass sie sich auf diese intensive Art in der Kirche einbringen wollen, aber wir brauchen Gemeindereferenten eigentlich nicht." Dieses „Nicht-gewollt-sein" war im Arbeitsalltag allgegenwärtig.

Kam ich mit den Gemeindepfarrern im Allgemeinen gut zurecht, so wurde die Beziehung zu meiner eigenen Berufsgruppe der Gemeindereferenten immer schwieriger. Ich musste Ausgrenzung innerhalb meiner eigenen Gruppe erfahren. Bei meinem ersten Dekanatsausflug bat mich der Dekan darum, mich beim Mittagessen zu ihm an den Tisch zu setzen. Er wollte mich kennen lernen. Wohl gemerkt: Es gab einen Kleriker-Tisch und eine Tafel für hauptamtliche Laienmitarbeiter. Anfangs klopfte der Dekan das übliche Profil ab. Dann kamen wir mit allen am Tisch in ein angeregtes Gespräch. Die Zeit verflog und ich vergaß, mich an meinem standesgemäßen Platz am Laientisch einzufinden. Diese „Nachlässigkeit" verziehen mir die Gemeindereferenten aus meinem damaligen Dekanat nicht. Ich wurde auch bei weiteren Treffen links liegen gelassen.

Mein Wendepunkt oder das eine Tröpflein zu viel: Aus Interesse recherchierte ich im Internet zu der Fragestellung, wann und mit welcher Begründung die evangelische Kirche Frauen für das Amt zugelassen hat. Auf einmal fand ich mich in einem Chatroom für katholische Priester wieder. Zu dieser Zeit beschäftigte eine Story den kirchlichen Flurfunk: Ein katholischer Priester wurde Papa. Er entschied sich für Frau und Kind und etablierte erfolgreich ein Beerdigungsinstitut mit profaner Trauerfeier. Dieser Fall war auch Gesprächsgegenstand einiger Lästermäuler im Chat. Einer der Priester verteufelte die werdende Mutter mit ihrem ungeborenen Kind. Ich wollte nicht wahrhaben, was ich da las. Mir schnellte die Wut förmlich durch die Adern. Bitte, muss man als heutiger Priester auf den Teufel zurückgreifen, um sich Sichtweisen zu erklären, die die eigene Weltsicht in Frage stellen? Steht eine Frau immer noch so schnell im Ruf des Teufels? Für mich galten Teufels-, Höllen- und Hexenglaube als überwunden! Was will er mit einer solchen Aussage? Verbündete suchen? Seinen Status festigen? Karriere machen? – Würde das wohl noch über diese Denkschiene funktionieren? Keiner der Chatteilnehmer hat ihm Einhalt geboten oder ihn zur Vernunft gerufen!

Gerne hätte ich in, mit und für die katholische Kirche nach dem Evangelium leben wollen. Und um mit Dorothee Sölles Worten zu schließen: Ich wollte dabei aber „nicht auf tausend Messern gehen" müssen.

Anonym

42 Vorsätzlich übergriffig

Meine Geschichte beginnt vor etwa zehn Jahren in einer deutschen Hochschulgemeinde. Ich absolvierte zu der Zeit ein Theologiestudium und war auf die Unterschrift zu einem Portfolio angewiesen. In diesem Portfolio sollte durch verschiedene geistliche Angebote belegt sein, dass ich einen geistlichen Weg neben dem Studium gegangen sei und mich in der Kirche engagiere. Daher machte ich einen Termin mit dem neuen Studierendenpfarrer aus, der als sehr studierendenfreundlich galt. Er ging mit den Studierenden in die Kneipen der umliegenden Wohnheime und genoss den Abend bei Bier und Whisky. Das beeindruckte mich sehr, da ich den vorhergehenden Studierendenpfarrer als sehr distanziert und etwas weltfremd erlebt hatte.

An dem genannten Termin erzählte ich dem Pfarrer, dass ich bereits Missbrauch erlebt hatte. Er zuckte dabei zusammen. Ich erwähnte dazu, dass es zum Glück nicht durch die Kirche gewesen sei, sondern im familiären Umfeld. Das schien ihn zu beruhigen und wir kamen auf das Portfolio zu sprechen. Er erwähnte die Möglichkeiten, sich in der KHG zu betätigen. So kam es in den kommenden Jahren dazu, dass ich mich sehr gerne ehrenamtlich in und um die KHG betätigte. Unter anderem wirkte ich im Gemeindeforum mit, durch das die unterschiedlichsten Events mit der KHG geplant wurden. Diese Arbeiten bereiteten mir Freude. Ich lernte viel.

Während einer der Semesterfeiern blieb ich noch lange in der KHG und der Pfarrer lud uns zu einem Umtrunk in die Dienstwohnung ein. Da ich selten Alkohol trank, erlebte ich die folgenden Szenen sehr nüchtern. Eine Studentin und ein Studienfreund waren noch in der Wohnung zugegen. Ich saß links neben einer Bücherwand auf einem Hocker. Die Studentin in einem Sessel zu meiner rechten und der Freund saß neben der Studentin. Etwas trunken stand der Studierendenpfarrer vor mir, beugte sich nach vorne, nahm meinen Kopf in seine beiden Hände und küsste mich auf die Stirn. Ich war zu sehr von diesem Erlebnis gefangen, als dass ich wütend und nach Gesetz adäquat reagieren konnte. Danach sagte der Pfarrer: „A., du bereitest mir große Freude.“ Ich lachte gequält, wusste aber nicht, wie ich mich wehren konnte, sodass ich beschloss, das Ganze zu vergessen, war ich doch noch durch das familiäre Trauma zu sehr gefangen. Die anderen Anwesenden schienen das Verhalten als normal zu empfinden. Zumindest sah ich keine schrägen Blicke. Wieder mal war ich ausgenutzt durch einen, der Macht über mich hatte. Verdrängen. Der Abend verlief dann noch so, dass der Pfarrer die Studentin fragte, ob er ihre Hand küssen dürfe, was sie dann auch kichernd bejahte. Bei mir hatte er nicht gefragt, sodass ich auch nicht „Nein“ sagen konnte. Das hätte ich zu gerne getan.

In den kommenden Jahren dachte ich nicht mehr an das Ereignis und beobachtete eher vom Rand, dass der Pfarrer gerne mit den Studentinnen flirtete. Immer wenn Alkohol im Spiel war, hatte er sich nicht mehr unter Kontrolle. Auf den Feiern bewunderte er die Augen der einen, streichelte die Wangen der anderen und verteilte großzügig Komplimente. Viele Studierende schienen sich nach Zuneigung zu sehnen.

So zeigte sich der Pfarrer auch sehr großzügig mir gegenüber. Er ermöglichte es, dass ich in der KHG günstige Feiern gestalten durfte, sprach mir Erleichterungen für das Portfolio zu, nahm sich meiner Sorgen an und nannte mich immer „mein Freund.“ Das imponierte mir. Nach dem Studium durfte ich aufgrund der Zuwendung zur Überbrückung sogar als Koch an der KHG angestellt werden. Auch im Referendariat begleitete mich der Pfarrer geistlich. Dennoch merkte ich immer wieder Zweifel an der Redlichkeit dieser Taten. Viele Studierende der Theologie tauchten nur ungern in der KHG auf. Es war für sie nur die Pflicht des Portfolios, die sie in die Räumlichkeiten brachte.

Mit der Zeit wurden die Umarmungen nach Beicht- oder Seelsorgegesprächen jedoch immer herzlicher. Oft sagte er: „In tiefer Verbundenheit beten wir füreinander.“ Das berührte mich. Ich war in einer Fürsorgespirale gefangen.

Als ich ihn zu einem weiteren Seelsorgegespräch in seiner Dienstwohnung besuchte, erfuhr ich, dass eine Schwangerenvertretung in der KHG gesucht sei. Ich fasste den Mut und sagte scherzhaft, dass ich das wohl machen könne. Er lachte und sagte nach einer kurzen Pause: „Das ist gar nicht so abwegig!“ Bei der folgenden Abschiedsumarmung zwickte er mir in die linke Brustwarze. Ich war wie gelähmt. Der Missbrauch durch meinen Vater wiederholte sich in dieser Situation.

Da ich nun nicht mehr von dem Portfolio abhängig war, entschloss ich zu handeln. Die Stelle würde ich nicht antreten können. Ich ging zur Polizei, erstattete Anzeige und meldete die Vorfälle beim Bistum. Dort stellte sich heraus, dass niemand für mich zuständig war. Dennoch erhielt ich Hilfe durch den Interventionsbeauftragten, der das Ganze der Personalabteilung meldete. Ein Personaler entschuldigte sich unsicher und formell bei mir, sagte aber, dass es noch Rückmeldung gäbe. Auf diese warte ich seit etwa einem Jahr.

Durch das Geschehene habe ich das Vertrauen in die Führung durch Geistliche in Machtpositionen verloren. Meine Situation wurde durch den Pfarrer schamlos ausgenutzt. Er bahnte sich seinen Weg durch Schmeicheleien und Vergünstigungen, um sich mein Vertrauen zu erschleichen. Als er sich in einer endgültigen Machtposition wähnte, griff er zu.

Anonym

43 „Mademoiselle, kommen Sie mal her!"

„Mademoiselle, kommen Sie mal her!", tönte es aus dem Büro des Chefs und ich folgte dem Ruf. Irritiert ob der Anrede und des Tonfalls war ich jedoch nicht in der Lage, mir dies zu verbitten. Er saß im Chefsessel, ich schaute ihn an – ohne zu ahnen, was ich eventuell falsch gemacht haben könnte. „Wenn Sie noch einmal in Gegenwart von Gemeindemitgliedern eine andere Meinung vertreten als ich, dann werfe ich Sie im hohen Bogen hinaus", rief er und endet mit dem Schrei: „Die religiöse Richtung in dieser Gemeinde bestimme ich!"

Am Vorabend hatte ein Erstkommunionelternabend stattgefunden. Ich hatte diesen, wie in den Jahren zuvor, vorbereitet und hatte u. a. eine Auswahl von Kinderbibeln dabei, als Vorschläge für ein Geschenk zur Erstkommunion. Nachdem ich die einzelnen Bücher etwas näher vorgestellt hatte, holte mein Chef eine Einheitsübersetzung hervor und sagte: „Damit das klar ist: Sie müssen Ihrem Kind eine richtige Bibel zur Erstkommunion schenken." Ich sagte daraufhin, dass Kinder nicht in der Lage seien, in einer Vollbibel zu lesen, eine Kinderbibel jedoch die Freude an biblischen Geschichten wecken könne. Er widersprach: „Darum geht es nicht! In das Bücherregal eines Kommunionkindes gehört eine richtige Bibel!"

An die erste Begegnung mit ihm erinnere ich mich noch gut, obwohl es mehr als 30 Jahre her ist. Nach einer längeren Zeit der Vakanz, in der ich als einzige pastorale Mitarbeiterin vor Ort hochengagiert möglichst viel am Laufen gehalten hatte, sollte ein neuer Pfarrer kommen. Eines Tages stand ein Auto in der Einfahrt des Pfarrhauses, ein Mann und eine Ordensschwester stiegen aus. Ich begrüßte ihn, stellte mich vor und fragte, ob ich beim Ausladen behilflich sein könne. Er drückte mir einen Stapel weißer Hemden am Bügel in die Arme und wies mich an, ihm in sein Schlafzimmer zu folgen, um die Hemden in den Schrank zu hängen. Ein großes Bett stand mitten im Raum und auf der Decke saß ein Teddybär im Jägeranzug. Ich fühlte mich unwohl und verschwand. In den ersten Tagen machte er allen klar, dass er der Big Boss ist und alles nach seiner Pfeife zu tanzen hat. Nach einem Telefonat mit einer Arzthelferin legte er wütend den Hörer auf und rief: „Von einer Frau lasse ich mir doch nichts sagen!" Diese Ansage galt dann auch für mich, die Kindergartenleiterin und weitere Frauen. Ich war sehr froh, dass ich mein Büro nicht im Pfarrhaus hatte, und kam eine Weile durch möglichst viel Abstand und langjährigen guten Kontakt zu Ehrenamtlichen halbwegs zurecht. Zwei beispielhafte Begegnungen möchte ich noch erzählen: Irgendwann vor Christi Himmelfahrt rief mich meine Mutter an und bat mich zu kommen. Ihre Schwester, meine Patin, lag im Sterben. Ich hatte keine Termine bis Sonntag und fragte meinen Chef, ob es okay sei, ein paar Tage zu meiner Mutter und meiner sterbenden Tante zu fahren. Antwort: „Was geht mich Ihre Tante an?“ Ich fuhr. Eine Weile später waren wir zu zweit im Büro. Ich verabschiedete mich mit den Worten: „Ich geh‘ dann jetzt. Oder wollten Sie noch etwas?“ Süffisant grinsende Antwort: „Was ich von Ihnen wollen könnte, bekomme ich ja nicht.“ Wieder war ich entsetzt, schwieg jedoch. Manchmal hatte ich Sorge, er könnte zuschlagen. Seine herrische Art, sein ständiges sich Einmischen in meine Arbeitsbereiche führten dazu, dass ich die Diözesanreferentin um Hilfe bat. Sie schickte mir jemand, die meinen Chef und mich bei der Erstellung einer neuen Arbeitsbeschreibung unterstützen sollte. Das Ergebnis war, dass ich für die folgenden Jahre fast ausschließlich im Religionsunterricht eingesetzt wurde. Für mich war das okay, ich habe gerne unterrichtet. Die Unterstützerin flüsterte mir beim Abschied zu: „Ich hätte Angst vor diesem Mann.“

Ich war somit vor ihm geschützt, Gemeindemitglieder, Ehrenamtliche, auch der Pfarrgemeinderat jedoch nicht. Vor allem Frauen waren es, die er extrem abwertend behandelte. Der Pfarrgemeinderat wehrte sich, wandte sich an den Bischof. Nichts passierte. Die Gemeinde spaltete sich. Die Anhänger*innen des Pfarrers verteilten Pamphlete gegen den Pfarrgemeinderat. Der Umschlagplatz war der Friedhof. Der PGR-Vorsitzende und seine Familie wurden so massiv bedroht, dass die Polizei zeitweise das Haus bewachte. Gegen Einzelhändler im Ort, die den PGR unterstützten, wurden rufschädigende Anzeigen in der Zeitung geschaltet. Die Presse griff den Fall auf und berichtete. Seitens der Diözesanleitung geschah – nach Wahrnehmung des

PGR – immer noch nichts. Eines Tages war der Pfarrer weg und es wurde erzählt, dass er wohl den Bischof ähnlich attackiert hatte wie die Kita-Leiterin, den PGR-Vorsitzenden und mich. Zunächst wurde er in der Krankenhausseelsorge „geparkt“, später tauchte er in anderen Diözesen wieder auf und in einem Nachruf wird er als leutseliger Priester gepriesen.

Jahrzehnte später erfuhr ich, dass er schon als Vikar negativ aufgefallen war – u. a. durch sexuelle Belästigung von Jugendlichen und jungen Kollegen. Zum Thema Zölibat habe er gesagt: „Das ist doch kein Problem, man darf nur nicht in der eigenen Gemeinde wildern.“

Rückblickend sehe ich zwei Ebenen klerikalen Machtmissbrauchs: Die Grundhaltung dieses Priesters war vollkommen respektlos gegenüber Menschen, vor allem gegenüber Frauen. Der Weihestatus hat ihn in seinem Machtanspruch gestärkt. Dass er Priester werden und bleiben konnte, dass verschiedenste Vorkommnisse in seinem Berufsleben letztlich nur zu Versetzungen geführt haben, sind Beispiele dafür, dass Priester selbst dann geschützt werden, wenn sie Schaden anrichten. Es handelt sich nicht um einen Einzelfall, sondern um ein Problem im System. Beschädigte Menschen sind weniger tragisch als eine Beschädigung der „heiligen“ Kirche.

Anonym

44 Gottesgeschenk und Kirchenmoral

Ich habe mich 2007 in eine geschiedene Frau verliebt. Sie ist ein Gottesgeschenk gewesen und ist es noch. Damals war meine Mutter todkrank. Weil sie kurz vor Karneval ins stationäre Hospiz eingeliefert worden war, hatte ich pflegefrei. Deswegen haben mich Freunde überredet, am Karnevalssonntag in eine Kneipe zu gehen. Und da stand diese strahlende Piratin, hakte sich bei mir unter und tanzte mit mir in den Himmel. Und tut es bis heute.

Einige Jahre haben wir unsere Liebe heimlich gelebt. Wir hatten zwei Adressen. Wir haben sorgsam überlegt, wem wir von uns erzählen. Schließlich hat sich Elke, meine wundervolle Piratin dazu entschlossen, ein Eheannullierungsverfahren zu beginnen. Das ist ein Gerichtsverfahren, in dem beim bischöflichen Offizialat festgestellt wird, ob die erste Ehe überhaupt gültig geschlossen war. Nach katholischer Auffassung ist sie zum Beispiel gar nicht gültig geschlossen worden, wenn ein Ehepartner geäußert hat, er müsse nicht treu sein, wolle keine Kinder haben oder wenn er psychisch unreif war. Mit anderen Worten: nicht gewusst hat, was er tat.

Ein solcher Prozess ist ein reines Aktenverfahren. Das bedeutet, Elke musste Menschen auftreiben, die über einen Vorgang etwas aussagen konnten, der schon fast zwanzig Jahre zurücklag. Allein diese Menschen nach vielen Umzügen erstens zu finden, ihnen zweitens den Sachverhalt zu erklären, damit sie dann drittens eine Aussage machen, hat etwas Absurdes, Kafkaeskes und Entwürdigendes.

Elke hat in ihrer Klageschrift die Ungültigkeit ihrer Ehe zweifach begründet: Ihr Vater sei Alkoholiker gewesen. Daher habe sie als Kind mitbekommen, wie ihre Mutter unter dieser Situation gelitten habe. Deswegen sei für sie sonnenklar gewesen: Wenn mir dasselbe mit meinem Mann passiert, bin ich weg. Ehe hin oder her. Außerdem wollte sie ebenfalls aufgrund der Erfahrung der wirtschaftlichen Abhängigkeit ihrer Mutter in jedem Fall finanziell unabhängig sein – daher habe sie sich keine Kinder vorstellen können.

Ich weiß gar nicht, wo ich anfangen soll, wenn ich all die Unverschämtheiten, Übergriffigkeiten und das Missbräuchliche dieses Verfahrens schildern soll. Der schäbige Höhepunkt war die Schrift des Ehebandverteidigers. Das ist derjenige im Verfahren, der aus Elkes Vernehmung und aus denen der anderen Zeuginnen und Zeugen – frühere Freundinnen und Bekannte – alles zusammengeschrieben hat, was aus seiner Sicht die Gültigkeit der ersten Ehe bestätigte. In seinem dreizehnseitigen Gutachten warf er Elke vor, sie argumentiere unsachlich. Nicht jeder Alkoholkonsum, der das gesunde Maß überschreite, erfülle die Kriterien des Alkoholismus. Zwar erkläre Elke, ihr Vater sei Alkoholiker, allerdings fänden sich „keine Belege, was er wann, in welcher Situation und in welchen Mengen er Alkoholika konsumiert" habe. Der Gutachter bemängelte „fehlende Belegnennungen". Der Gutachter befand, Elkes Aussage, sie habe ihren Vater nur als Alkoholiker wahrgenommen, sei insgesamt kritisch zu hinterfragen. Und damit auch die behaupteten Konsequenzen – also der Gedanke, wenn sie als Ehefrau selbst in diese Situation komme, ihre Ehe zu beenden. Eine weitere haarsträubende Passage: Auch die Aussagen der Zeuginnen und Zeugen beurteilte der Gutachter als mehr als vage. Über das „Intimleben der Parteien" (also das Intimleben von Elke und ihrem damaligen Mann) gebe es bei einzelnen Zeuginnen und Zeugen „wenig Detailwissen". Sie hätten nur subjektive Eindrücke und eigene Gedanken angegeben.

Das Maß an Verletzungen, das Elke im Laufe des Prozesses bei vielen Etappen erdulden musste, ist schwer zu beschreiben. Es war für sie unerträglich und entsetzlich, wie ein ihr bis heute völlig unbekannter Mann sich erdreistete, eine Bewertung ihres Vaters und seiner Krankheit vorzunehmen, die ihrem eigenen Erleben als Kind und Jugendliche und der verhängnisvollen Dynamik für ihre Familie völlig widersprach. Woher nahm er sich das Recht dazu? Dazu: Auf welches „Detailwissen“ hatte der Ehebandverteidiger wohl gehofft? Ähnlich absurd war im Prozessverlauf das Gespräch mit Elkes damaligem katholischen Heimatpfarrer, der vom Offizialat den Auftrag bekommen hatte, ihre Glaubwürdigkeit, die der Ehebandverteidiger in seinem Gutachten ja stark in Frage gestellt hatte, zu beurteilen. Auch er war Elke völlig unbekannt. Dennoch musste sie sich mit ihm zwei Stunden lang in seinem Büro über ihr Liebesleben unterhalten. Danach schickte dieser seine schriftliche Einschätzung an das Kölner Ehegericht.

„Was Gott verbunden hat, das darf der Mensch nicht trennen.“ Dieser Vers aus dem Markusevangelium steht ganz zentral auf der Homepage des Kölner Offizialates. Er ist die zeigefingererhobene und zu Tode zitierte Mahnung, mit der die katholische Kirche die Unauflöslichkeit der Ehe zum göttlichen Gebot erklärt, gegen das man halt nichts machen kann und das es um jeden Preis zu schützen gilt. Auch um den Preis von missbräuchlicher Übergriffigkeit, demütigenden Befragungen, Verpflichtungen zur Verschwiegenheit, Einmischung in intime persönliche und familiäre Details und noch viele weitere zutiefst verletzende Erfahrungen. Warum? Weil es Gottes Wille ist. Tja. Was will man da machen?

Der vierjährige Prozess sowie jahrelange Überlegungen zuvor, ob Elke sich dem Verfahren wirklich stellen will, haben unsere Liebe zwischenzeitlich einer harten Belastungsprobe ausgesetzt, die wir nur mit Therapien und viel Liebe gemeistert haben. Zwischendurch haben wir beide gedacht, wir schaffen das nicht, die Kirche bringt uns auseinander. Denn Elke musste mich selbst als Pastoralreferent ja als Teil dieser Institution identifizieren, die sie so sehr verletzte. Dass der machtvolle Arm sich mal so existenziell zwischen uns drängen würde, hätte ich niemals gedacht. War der Moment damals im Kölner Karneval, als eine wunderbare Piratin mich aus meinen tieftraurigen Gedanken herausriss, etwa kein Moment gewesen, in dem Gott zwei Menschen verbindet, die der Mensch nicht trennen darf? Die Kirche jedenfalls hat alles dafür getan, genau das zu tun. Die Last, die am Tag unserer Hochzeit am ersten Advent 2015 von mir gefallen ist, zeigen die Fotos in unserem Hochzeitsalbum. Es gibt kein Foto, auf dem ich nicht weine. Ich habe morgens um 10 Uhr zu weinen angefangen, während der standesamtlichen Hochzeit am späten Mittag weiter geweint und erst nach dem Schlusslied in der Kirche aufgehört. Während meine Frau die ganze Zeit strahlt. Dass sie die Größe hatte, am Tag unserer Hochzeit gegen all ihre Demütigungen anzustrahlen, bleibt für alle Zeit ihr größtes unverdientes Geschenk an mich.

Peter Otten

45 Vom Missbrauch eines Gebetes und seinen Folgen

Lange Zeit lebte ich, eine hochsensible Frau heute in den 50ern, vor mich hin und hatte mit der Institution Kirche nicht mehr viel am Hut. Wohl aber war und ist mir meine Beziehung zu Christus selbst, das Herzensgebet und die Musik wichtig. Zudem gab es immer wieder Zeiten, da merkte ich, dass ich auf harmlose Situationen emotional völlig überreagierte oder regelrecht in Erstarrung verfiel.
 Dafür schämte ich mich und konnte mir dies partout nicht

erklären. Vor einigen Jahren häuften und verschlimmerten sich diese Situationen. Es kam zu Mobbing im Beruf. Ich zog die Notbremse und suchte mir Hilfe. Von da an veränderte sich mein Leben total. Ich wandte mich wieder der Kirche zu, forderte Hilfe ein, erfuhr, ich sei traumatisiert und hätte wohl Erinnerungen abgespalten. Solche tauchten nun plötzlich und ungewollt aus meiner Kindheit auf. Ich begann zu begreifen, dass sie die Ursache für mein oftmals so unerklärliches Verhalten waren.

Eine der schlimmsten Erinnerungen möchte ich schildern: Als jüngstes Kind von dreien, eines Schornsteinfegers und einer Hausfrau, wuchs ich in einer Kleinstadt auf. Nach außen hin waren wir eine solide Familie, doch die Wirklichkeit sah anders aus. Unsere Eltern hatten den Weltkrieg als Kinder erlebt und dabei einige psychische Wunden davongetragen, die für uns Kinder nicht folgenlos blieben. So hatten wir alle drei eine Kindheit, in der wir verschiedenste furchtbare Dinge durchleben mussten. Als ich in den Kindergarten kam, erschien mir das zunächst als Hoffnungsschimmer. Jedoch zeigte sich bald, dass ich mich getäuscht hatte. Die Leiterin des Kindergartens war eine Nonne. Sie hatte besondere Vorstellungen von Erziehung. Neben dem in den 50er und 60er Jahren üblichen Prügeln von Jungen, dem in die Ecke stellen mit Eselsmütze hatte die Nonne für uns Mädchen eine perfide Idee: Wenn ich z. B. nicht schnell genug am Platz war, beim Spielen etwas umstieß, musste ich entweder das „Ave Maria“ oder Teile des Schuldbekenntnisses aufsagen. Wenn mir das dann nicht gelang, was völlig klar war, denn ich war erst zwischen 3 und 6 Jahre alt, musste ich es solange wiederholen, bis ich es eben aufsagen konnte.

Diese Erinnerung hat sich in mir eingebrannt: Vor dieser Nonne stehen, zu ihr hochschauen müssen, wieder und wieder ansetzen, stotternd die Worte rauslassend ... Dabei habe ich immer die weiße Tracht, die weißen Haare der Nonne vor Augen und ihre schrille Stimme im Ohr. Ich lernte, dass Gott wohl ein strafender Gott sei.

Diesen nutzten auch meine Eltern. Am Schlimmsten war es, wenn sich unsere Mutter auf die Nonne berief und ich mit ansehen musste, wie sie meinen 7 Jahre älteren Bruder mit dem Kochlöffel schlug und dabei rief: „Die Nonne sieht das auch so, damit du lernst, was richtig ist. Auch der Pater denkt so!“

Was für verheerende Sätze für eine Kinderseele!

Tief brannten sie sich in mein kleines Gehirn ein, brodelten Jahrzehnte in mir weiter. Als Kind tat ich das einzig Mögliche, um das überleben zu können: Ich verdrängte, spaltete die Erinnerungen ab und vergaß sie. Dennoch spürte ich, dass hier etwas völlig falsch lief. Aber wie sollte eine 3–6-Jährige das ändern können? So lernte ich als Kind zu glauben, diese Nonne müsste doch trotzdem eine gute Frau sein. Das hatte lebenslange Folgen, denn dadurch erlaubte ich (auch) als Erwachsene Anderen oft, meine Grenzen zu überschreiten.

Anstelle Geborgenheit und Schutz im Kindergarten zu erleben, wurde mir tiefer Schaden zugefügt, vor allem Angst vor Gott eingebläut. Ich lernte zu verinnerlichen, ich muss immer genau aufpassen, was die Nonne will, um möglichst selten bestraft zu werden, muss mich anpassen, darf nicht ich selbst sein. Sätze, die es Anderen später leicht machten, mich zu mobben, weil ich mich als Erwachsene vielfach ebenso verhielt. Mühsam war der therapeutische Weg, die darin liegenden inneren Kernsätze zu identifizieren und zu bearbeiten. Heute noch durchlebe ich beim Hören von schrillen Frauenstimmen manchmal das oben Erzählte. Sowohl das Ave Maria als auch das Schuldbekenntnis kann ich bis heute kaum sprechen. Wenn ein Priester das Schuldbekenntnis spricht, klinke ich mich innerlich aus, muss in die Atmung gehen, mich beruhigen und daran arbeiten, in der Gegenwart zu bleiben.

Eine Besonderheit gibt es aber: Ich kann eine Ave Maria-Arie singen. Es ist für mich eine Art innerer Widerstand und Versöhnungsarbeit geworden, wofür ich dankbar bin.

Sinnloses Leid musste ich also erdulden. Indoktrination und Machtmissbrauch aushalten! Menschen- wie Gottverlassenheit durchschreiten! Konnte aber auch ein scheinbares *Paradoxon* erleben: Ich rückte in *Deine* Nähe! Entwickelte Resilienz, konnte Verarbeitung anfangen, Hilfe einfordern, um freier leben zu können!

Im Gegensatz zu heute, wo nun manche Kleriker helfen, blieb damals *einzig* Christus stehen, hörte mein Schreien und half! (Lk 18,39–40) Das sollte Bischöfen zu denken geben! Wann endlich bleiben sie stehen, hören hin und helfen?

Anonym

46 Durch ihn und mit ihm und in ihm ...

Von Kindheit an bin ich vom katholischen Glauben geprägt. So durfte ich als Kleinkind beim Neubau der katholischen Ortskirche mithelfen und es blieb in mir der Wunsch, nicht nur am äußeren Bau mitzuwirken, sondern auch am inneren Bau. Und das war und blieb bis heute ein ambivalentes Unterfangen auf dem langen Weg der Menschwerdung.

Ich erlebte zweierlei. Einerseits die Strenge meines Vaters, der, vom Glauben geprägt, die Einhaltung aller Gebote streng überwachte, beispielsweise, dass ich alle vier Wochen beichten ging und nicht wusste, was ich beichten sollte. Da wurzelte sich in mir eine tiefsitzende Angst vor der ewigen Strafe Gottes ein.

Andererseits erlebte ich in den Gottesdiensten eine große intensive Feierlichkeit, etwas Unbestimmbares, Mystisches war in mir, als Kind, spürbar. Man nennt so etwas wohl mystisches Erschauern. Da war eine geistliche Macht zu spüren im Gesang, im Weihrauch, dem Orgelspiel, etwas Göttliches. Ich konnte eine andere Seite des Glaubens entdecken, die sich in mir auch in den Worten der Doxologie nach der Wandlung vertiefte: „Durch ihn und mit ihm und in ihm ist dir, Gott, allmächtiger Vater, in der Einheit des Heiligen Geistes, alle Herrlichkeit und Ehre jetzt und in Ewigkeit."

Auf meinem Lebensweg begegneten mir dann immer wieder diese beiden Seiten des Glaubens. Die Strenge, das Gesetz, die Macht. Da war der Priester, der mir in der Beichte erklärte, dass ich bei der Masturbation Millionen von Menschenleben verhindere, gar töte. Dieser Spruch hat sich tief in mein Unterbewusstes eingesenkt und mich sicherlich auch geprägt. „Durch ihn und mit ihm und in ihm??? Kann das sein? Diese Frage bewegte mich nun immer stärker. Durch Christus und mit Christus und in Christus wollte ich nahe bei Gott sein, von ihm begleitet werden im Leben. Wer ist dieser Gott? Wie zeigt er sich mir? In der Strenge der Gesetze, der Gebote, der Priester?

Dann gab es aber auch Priester, die mir durch ihr Leben und Wirken einen Gott zeigten, der voller Güte sich uns zuwendet, der keine Angst bewirkt.

Mein Suchen nach diesem Gott ging weiter und prägte meine Menschwerdung. Ich nahm an, im Studium der Theologie und im Amt des Priesters ein Leben „durch ihn und mit ihm und in ihm" gestalten zu können, um dann durch mein Leben Gottes Liebe anderen Menschen erfahrbar zu machen. So wie ich es bei einigen Seelsorgern erfahren hatte. Die negativen Erlebnisse blieben vorerst im Hintergrund.

Was dann kam, erfüllte nicht meine Erwartungen.

Fremd war mir, dass ich mich von Anfang an bei einem Regens (!) zu melden habe und in einem Priesterseminar zu studieren und zu leben habe. Ein weiteres Studium neben der Theologie sei ausgeschlossen. Mein Wunsch war noch der Studiengang Pädagogik. Ich entschied mich, ohne Regens und Priesterseminar Theologie zu studieren und mich danach beim Bischof zu melden. Dies sollte noch schwerwiegende Folgen haben.

Ich wollte menschennah sein und nicht in festen Bahnen gelenkt von Regens und Bistum eine Theologie studieren, die dogmatisch einen Gott verkündete, der mir fremd war und blieb. Meine Frage blieb bis heute: Woher wissen sie so genau, wer und wie Gott ist? Mit welchem Recht werden Menschen als Häretiker verurteilt, die ein anderes Gottesbild haben?

Ich begann ein Studium an der PH mit Hauptfach Theologie. Dort erlebte ich eine offene, menschenzugewandte Atmosphäre, überzeugende Professoren der Theologie und ging in den Schuldienst, studierte weiter berufsbegleitend an der Uni und machte auf diesem Wege meinen Abschluss in Theologie.

Zufällig (?) bekam ich einen Flyer über den ständigen Diakonat in die Hände und war innerlich angesprochen, machte mich auf den Weg. Mittlerweile war ich verheiratet und hatte zwei Kinder. Der Wunsch, einen Gott der Liebe zu verkünden und durch ihn und mit ihm und in ihm auf dem Weg der Menschwerdung als Diakon mitwirken zu können, hatte mich gepackt. Da schien ein lebensnaher Weg in der Kirche durch das Konzil geschaffen worden zu sein, der vieles ermöglichen konnte. Ich wurde zum Diakon geweiht. Der weihende Bischof, das war bekannt, wollte eigentlich keine Diakone. Sie waren verheiratet, kamen aus allen möglichen Berufen und waren nur selten Theologen. Aber all das war wohl besser als Pastoralreferenten. Die wollte er nicht einführen, da sie ihm, weil nicht zum Klerus gehörend, schwieriger zu führen schienen. Das warf einen Schatten auf den neuen Weg.

Mir gefiel dieses Diakonenamt dennoch zunehmend und ich erkannte die vielen neuen Möglichkeiten, Gott zu verkünden. Mein Wunsch war, dies mit allen Kräften, also hauptberuflich zu tun. Meine Bewerbung auf eine Stelle in einem bischöflichen Ordinariat hatte Erfolg. Nur musste mich mein jetziger Bischof „frei-geben“. Er wollte mich halten und bot mir eine vielversprechende Stelle in seinem Generalvikariat an. Es sollte dann noch ein letztes Gespräch mit ihm und dem Generalvikar geben. Der Generalvikar war der damalige Regens. Als er mich sah und erfuhr, was der Bischof vorhatte, war seine Antwort: „Die Stelle habe ich schon besetzt!“ Das war die Spätfolge meiner damaligen Verweigerung. Ich durfte dann in die neue Diözese wechseln und erlebte kreative, erfolgreiche Jahre für meine Menschwerdung und die anderer Menschen. Wann wird aus einer Kirche der Macht eine Kirche der Liebe?

Anonym

47 Fügen Sie sich!

Der Bischof spricht leise, aber eindringlich: „Fügen Sie sich, dann wird alles gut!“ Immer und immer wieder dringen dieselben Worte in mein Ohr: flüsternd, tonlos, fast zischend. Ich höre die Worte, verstehe sie aber nicht. Ich verstehe überhaupt nicht, was da gerade passiert. Immer näher rückt er an mich heran, Zentimeter für Zentimeter. Ich fühle seine Nähe, rieche seinen Atem, spüre seine Erregung.

Wenn ich heute, mehr als siebzehn Jahre später, auf diese Szene zurückblicke, kommt es mir so vor, als ob ich damals neben mir gestanden hätte, als ob ich alles nur beobachtet hätte, als wäre ich nicht selbst betroffen gewesen. Ich weiß auch nicht mehr, wie lange das Ganze gedauert hat. Jedes Zeitgefühl war mir abhandengekommen und ebenso jedes Gefühl für meinen Körper.

Denn mein Körper schien nicht mehr mir zu gehören. Er, der Bischof, hatte sich seiner bemächtigt. Ich bin in seinen Händen – und seine Hände sind überall. „Fügen Sie sich!“, flüstert er, „dann wird alles gut.“ Doch ich will das nicht. Ich weiß genau: Nichts würde gut werden, wenn ich mich ihm fügte. Stattdessen will ich weg, einfach nur weg. Aber ich kann nicht. Er ist doch der Bischof …

Aber beginnen wir von vorne. Der Bischof hatte mich an jenem Abend zum Gespräch einbestellt. Dabei sollte es um meine Zukunft gehen. Natürlich hatte ich mir Gedanken gemacht, wie es mit mir unter ihm, dem neuen Bischof, weitergehen sollte. Ich hatte verschiedene Optionen in Betracht gezogen, meine Wünsche sorgfältig abgewogen, meine Hoffnungen bewusst gedämpft.

Doch es kam schlimmer, als ich es je für möglich gehalten hätte: Ich sollte kaltgestellt und mundtot gemacht werden. Beim Verlassen des Bischofshauses erlitt ich einen Schwächeanfall; meine Beine gaben nach, ich stürzte. Man schleppte mich zurück in die Räume des Bischofs und legte mich auf dessen Anweisung hin auf ein Sofa. Er selbst setzte sich vor mich auf die Sofakante.

Dann ließ er ein bestimmtes Medikament und ein Glas Wasser holen. Als man es ihm gebracht hatte, ließ er mich aufsitzen, steckte mir die Tablette in den Mund, setzte das Glas an meine Lippen und drängte mich zu trinken. Da ich mich wehrte, ergoss sich ein Teil des Wassers über meine Kleidung. Dennoch gab er erst nach, als er sicher sein konnte, dass ich die Tablette geschluckt hatte.

Nun gab er allen noch anwesenden Personen – seinem Sekretär, einem Priester, sowie zwei Ordensfrauen, die das Medikament und das Wasser herbeigebracht hatten – die Anweisung, den Raum zu verlassen. Sie gehorchten, fraglos und unverzüglich. Die Tür schloss sich. Ich war mit ihm allein. Ich war ihm, wie mir schlagartig bewusst wurde, ausgeliefert. Und dann begann es.

Wie lange ich das, was jetzt geschah, über mich ergehen ließ, weiß ich nicht mehr. Wie dem auch sei: irgendwann gelang es mir, mich seinen Händen zu entwinden, mich loszureißen, aufzustehen und wegzulaufen. Den Anstoß dazu gaben aber nicht, wie ich zugeben muss, mein Verstand und mein Wille. Er war doch der Bischof. Den Anstoß dazu gaben Scham und Ekel.

Als ich wieder zu Hause war, goss ich mir, um Scham und Ekel loszuwerden, ein großes Glas Rotwein ein und trank es in einem Zug aus. Das aber war eine denkbar schlechte Idee. Denn bei dem Medikament, das mir der Bischof verabreicht hatte, handelte es sich, was ich allerdings nicht wissen konnte, um ein hochwirksames Psychopharmakon aus der Gruppe der Benzodiazepine.

Worum es sich gehandelt hatte, erfuhr ich erst am nächsten Tag, und zwar im Krankenhaus. Dorthin war ich gebracht worden, nachdem ich in der Nacht vom Balkon meiner Wohnung gestürzt war, wobei ich mir eine Gehirnerschütterung, einen Bruch des linken Handgelenks sowie zahlreiche Prellungen zugezogen hatte. Wie es dazu gekommen war, weiß ich bis heute nicht.

Ich habe nämlich keine Erinnerungen mehr an das, was in dieser Nacht in mir vorgegangen ist, was genau sich zugetragen hat. Das Medikament, das mir der Bischof verabreicht hatte, hätte er mir jedenfalls nicht verabreichen dürfen – schon gar nicht nach einem Schwächeanfall. Denn dieses Medikament wirkt sedierend, hypnotisch und, zumal in Verbindung mit Alkohol, amnestisch.

Genau das hätte er wissen müssen, muss er gewusst haben, denn er hatte vor Jahrzehnten Medizin studiert. Allerdings war er kein Arzt und folglich nicht befugt, mir ein verschreibungspflichtiges Medikament zu verabreichen. Wieso hatte er ein solches Medikament, das wahrlich nicht zur Grundausstattung einer Hausapotheke gehört, überhaupt im Bischofshaus vorrätig?

Ich habe mich lange gefragt, was den Bischof an jenem Abend angetrieben hat. Um ein sexuelles Interesse an meiner Person schien es sich eher nicht gehandelt zu haben. Womöglich war er der puren „libido dominandi" verfallen – der Begierde, der Erregung, dem Rausch, den das Gefühl unbegrenzter, unkontrollierter Macht auszulösen vermag, um Machtlust im wahrsten Sinn des Wortes.

Wolfgang F. Rothe

48 Wachsende Entfremdung – Zunahme an Freiheit

Als ich ein gutgläubiger Junge war, begeisterte ich mich für Andachten, weil ich dort lesen durfte. Furchtbare Texte beim Kreuzweg: „O Jesus! Schneide, brenne, kreuzige in diesem Leben, wie du willst! Nur schone meiner in der Ewigkeit!" Damals war solch Zeug Garant schauriger Erregung. Heute ist mir dieser leibfeindliche Masochismus zuwider. Das sollte christliche Spiritualität sein!? Zweifel keimten!

Als ich Theologie studierte, zuerst als Laie, dann als Priesteramtskandidat, prüfte ich mich in einem Priesterseminar, ob ich den zölibatären Weg einschlagen sollte. Eine Überhöhung des privilegierten Klerus ging mir gegen den Strich. Angehende Priester waren automatisch vom Wehrdienst befreit, ohne sich mit Verweigerung (!) auseinanderzusetzen. Keiner der drei evangelischen Räte passte in die Gegenwart, keiner in mein Lebensmuster. Für den *Gehorsam* war mein Eigensinn nicht geboren. *Besitzlosigkeit* hatte keinen Reiz, schränkte Freiheit ein, wird zudem kaschiert durch Absicherung der Amtsträger. Das Geschenk der *Sexualität zurückzuweisen*, schien mir ein Frevel gegen die im Evangelium versprochene Lebensfülle. Weltfremdheit und Distanz zur Moderne weckten Zweifel.

Als dem streitbaren Hans Küng kurz vor Weihnachten 1979 die Lehrerlaubnis entzogen wurde, gab es nur hinter der Hand Kritisches zu hören. Mehrheitliches Schweigen hochdotierter Professoren in Abhängigkeit von und in der katholischen Kirche. Wie die katholische Kirche mit Kritikern umging, entsetzte mich. Wie konnte die sich auf den freien Geist berufen und zugleich kreative Köpfe unterdrücken!? Wie war es möglich, dass Jesus, der souveräne Provokateur aller Ordnungen, von Leuten verwaltet wurde, die auf Kritik allergisch reagierten!? Loyalität schlug Freiheit. Selbstverschuldete Unmündigkeit wider besseres Wissen. Unfehlbarkeit?

Als ein Mitstudent mit seiner Freundin zusammenziehen wollte, vor der Ehe, flüsterte ihm der katholische Dekan in gutgemeintem Vertrauen, er solle doch lieber warten, um seine spätere Anstellung nicht zu gefährden. Ich fragte mich, wie das Ordinariat davon Kenntnis haben konnte. Praktizierte Kirche Denunziation, Zuträgerei, Intimitäts-Schnüffelei?

Als ich mein Theologiestudium abgeschlossen hatte, eröffnete man mir, dass es mit einer kirchlichen Anstellung nichts werden würde. Das traf mich Gutgläubigen denn doch stärker als gedacht. Die unanfechtbare Macht der Kirche stürzte mich in Ohnmacht. Bei Nachforschungen ergab sich, dass ich „nicht tragbar“ sei. Ich hätte mich in einem Leserbrief für Ministrantinnen, schlimmer: für Ämter von Frauen in der Kirche ausgesprochen, obwohl doch der Papst diese Fragen abschlägig beschieden hätte. Mein Engagement sei „erschreckend“. Ich hätte den apostolischen Nuntius in Nicaragua gescholten, lieber mit dem Diktator Somoza zu feiern als sich um die Gründe der Aufständischen zu kümmern. Klerikale Verstrickung mit korrupten Mächtigen durfte nicht beim Namen genannt werden. Ein Bischof Romero schien sich ins Politische verirrt zu haben. Ich merkte: Kritik ist Tabubruch, isoliert.

Als ich begriff, dass es zur Freiheit keine Alternative gab, konnte mir Angst nichts mehr anhaben. Wegscheide. Ich wuchs heraus aus Bevormundung, weil ich nichts mehr erwartete von der gehorsamsfixierten Kirche. Sie verlor ihre Macht über mich. Im Nachhinein bin ich froh, die Beamtenlaufbahn eingeschlagen zu haben. Ich entwickelte meine Theologie aus dem Leben. Heute empört es mich, wenn sich Amtsträger beim Wegsehen von Missbrauch in der Kirche auf „verbreitete Unkenntnis“ berufen.

Als ich wieder heiratete, ohne Eheannullierung, und die Folgen der Verbotsüberschreitung ignorierte, geschah nichts, und die Welt drehte sich weiter.

Als ich für fünf Jahre bei „Wir sind Kirche“ im Bundesteam engagiert war, richtete ich 2017 eine Petition an den Papst. Er möge die hervorragenden deutschen Theologen Drewermann, Halbfas, Küng zu Lebzeiten rehabilitieren. Sie landete wohl im Papierkorb, vermutlich abgeschirmt von Opus Dei. Den Vorsitzenden der Deutschen Bischofskonferenz schienen die prominenten deutschen Theologen nichts anzugehen, die vehement für eine erneuerte Kirche kämpften und überwiegend Ärger, Lehrentzug und Ächtung erfuhren. Verweigerung von Solidarität.

Mit *Mut zur Aufrichtigkeit* können wir das autoritär-hierarchische System der Kirche überwinden: den leibfeindlichen Masochismus, die klerikale Heilsmagie, den Loyalitätszwang, die Intimitäts-Schnüffelei, die Besessenheit, Lehramtswahrheit zu besitzen, die Moderne-Feindlichkeit, das Verharren in Unmündigkeit. Spiritualität heißt Formatvergrößerung. Jesus bestärkt uns: Jedes noch so kleine Selbst-Vertrauen belohnt sich selbst. *Günther M. Doliwa*

49 Mein Leben am Limit

Begeistert von der biblischen Botschaft und den Reformansätzen des 2. Vatikanums, entschloss ich mich nach dem Abitur 1969, Theologie zu studieren. Meine Studienwahl missfiel meinen Eltern, und so wurde ich zu einem Kleriker geschickt, der mir abraten sollte. Dieser tat es mit dem mir bis heute unvergessenen Satz: „Sie werden sich viel Leid ersparen, wenn sie als Frau nicht Theologie studieren." Das löste allerdings bei mir erst recht die Frage aus, was das für eine Kirche ist, die ihren Frauen solche schlechten Aussichten anzubieten hat. Doch das sollte ich erfahren.

Meine erste Glaubenskrise durchlebte ich, als ich erfuhr, dass durch Beziehungen zu Priesteramtskandidaten oder Priestern schwanger gewordene Mitstudentinnen mir anvertrauten, dass sie zur Abtreibung in das benachbarte Holland geschickt wurden. Mutig sprach ich den damaligen Spiritual im Priesterseminar an, der mir als Antwort gab: „Hauptsache, die Jungs bleiben bei der Stange!" Diese Doppelmoral, einerseits Pille und Abtreibung zu verbieten, andererseits bei Schwangerschaften durch Priesteramtskandidaten Abtreibungen zu erzwingen, war mir schon damals unerträglich. Durch eine diskriminierende Sicht auf Frauen wird Religion zugunsten einer pflichtzölibatären Männermacht und eines überhöhten Weihepriesteramtes missbraucht.

Diese Problematik erfuhr ich hautnah auch in meiner Ehe mit einem später laisierten Priester. Die Beziehung stand von Anfang an unter dem Gebot der totalen Verschwiegenheit, verlangt von seinem Orden, sonst hätte er keine Berufsaussichten, und unseren jeweiligen Familien, aus Scham. Die Macht des Kirchenrechts zeigte sich in meiner Verurteilung als „Abtrünnige" und „Verführerin". Nach gängiger Sicht sollte von Regelverstößen nichts nach außen dringen, um das moralisch unantastbare Kirchenbild zu erhalten. Zusätzlich ließ der Dualismus des unterordnenden, kirchlichen Frauenbildes, Maria oder Eva, Heilige oder Hure, auch körperliche und seelische Gewalt zu; auf die Opfer wurde die Schuld übertragen. Leiden gehört(e) ja zum christlichen Glauben dazu …

Für mich waren und sind die Beschäftigung mit feministischer Theologie und das Eintreten für Kirchenreform ein Heilungsprozess. So arbeitete ich engagiert in kirchlichen Reformgruppen mit. Ich initiierte eine Aktion für die Gleichberechtigung von Frauen in der römisch-katholischen Kirche. Damals trauten sich auch die Frauenverbände nicht, offen für die Frauenordination einzutreten. Und da Macht besonders verführerisch für die ist, die keine haben, wurde ich abgelehnt und zum „katholischen Schmuddelkind".

Bedingt durch meine Lebensgeschichte interessierte mich besonders der diakonische Weg und so ließ ich mich zur Diakonin ohne Weihe ausbilden. Dafür brauchte ich aber eine Empfehlung meines damaligen Pfarrers über meine vielfältige Ehrenarbeit (Kindergottesdienst, Lektorin, Familiengottesdienst, Familienkreis, Erstkommunion- und Firmvorbereitung). Leider ließ er sich erst mal nur über meine Scheidung aus. Als ich ihn 30 Jahre später noch mal per Mail um eine Antwort bat, sagte er, er halte mich bis heute nicht für berufen. Diese Deutungshoheit beansprucht er als Kleriker.

Nach meiner Diakonatsausbildung wurde die Gemeindearbeit vor Ort immer schwieriger und ich war auch in der neuen Umgebung „persona non grata". Wie ich später erfuhr, trafen sich der Pfarrer meiner neuen Heimatgemeinde und der Pfarrer der Hochschulgemeinde, um gemeinsam gegen mich vorzugehen und jegliche ehrenamtliche Mitarbeit zu verbieten. Die Begründung war damals, man wolle keine Unruhe in der Gemeinde haben. Erst nach dem

Ausscheiden beider Pfarrer konnte ich in den Gemeinden wieder Fuß fassen und die Frauengruppe berichtete mir, der damalige Pfarrer habe den Frauen gesagt, der Kontakt mit mir solle unterbleiben, sonst müsse er es dem Ordinariat melden. Daran hielten sich die Frauen und ich war vor Ort jahrelang „heimatlos“.

Klerikale Gemeindeleiter bestimmen, wer und was in ihrer Gemeinde erwünscht oder unerwünscht ist, ohne Rücksicht auf die Person. Es gab nie ein offenes, ehrliches Gespräch. Sieht so Hirtenseelsorge aus?

Rückblickend glaube ich, immer am Kräftelimit gelebt zu haben, einmal der Stress als berufstätige, alleinerziehende Mutter, zum anderen die schlimmen privaten Erlebnisse und Ablehnungen.

Wenn das Lehramt Normen verkündet, die in der menschlichen Realität schwer einzuhalten sind, und vor allem, wenn sich seine Vertreter selbst nicht daran halten, dann führt diese Doppelmoral oder das Leiden daran auch zu einer menschlichen Zerrissenheit bis hin zur Krankheit.

Vor Jahren schon, als meine Beine oft den Dienst versagten und viele Operationen anstanden, habe ich den Spruch geprägt: „Die Starrheit der Institution Kirche schlägt sich auch in meinem Körper nieder.“ Als chronisch Kranke hat mein Körper immer wieder aufs Neue rebelliert.

Persönliches Fazit: Wie viel unnötiges Leiden ist durch ungerechte, verlogene Machtstrukturen entstanden! Getragen hat mich in all den Jahren die heilende Jesusbotschaft und heute ist meine Hoffnung, dass sich Strukturen durch synodale Wege ändern, zumal die Reformen inzwischen von einer breiten Mehrheit, wie z. B. Maria 2.0, gefordert werden. Dass mein Leben dazu etwas beigetragen hat, wäre eine späte Genugtuung.

Kirchliches Fazit: Kirche hat als moralische Instanz in der Gesellschaft durch Doppelmoral und Machtmissbrauch ihre Glaubwürdigkeit verloren. Damit hat sie auch den Zugang zum Glauben bei vielen Menschen zerstört. Nur schnelle und durchgreifende Reformen wären heilsam.

Anonym

50 Sehnsucht nach einer anderen Kirche

Alles beginnt mit der Sehnsucht – so beginnt ein in kirchlichen Kreisen gerne zitiertes Gedicht von Nelly Sachs. Bei mir war es nach fast 19 Jahren im pastoralen Dienst anders – da endete alles mit der Sehnsucht. Die Sehnsucht in mir nach einer anderen Kirche war so groß, dass ich die Realität dieser Kirche nicht mehr ertragen konnte und ich deshalb gehen musste. Gehen musste, um noch jeden Morgen in den Spiegel gucken zu können und um authentisch zu bleiben. Nein, sogar eigentlich, um wieder authentisch zu werden, denn zu lange hatte ich dieser Kirche mein Gesicht geliehen, die doch so weit von der Kirche entfernt ist, nach der ich mich sehne. Die innere Emigration war schon so sehr zu einem Teil von mir geworden, dass es mich manchmal selber erschreckte.

Diese andere Kirche, nach der ich mich sehne, behandelt ihre Mitarbeitenden wertschätzend und nimmt sie nie als selbstverständlich hin. Sie weiß um das Engagement und den Einsatz, den die Mitarbeitenden für sie einbringen – über jegliche Tarifverträge hinaus – und verhält sich nicht so, als könnten die Mitarbeitenden ja froh sein, für sie zu arbeiten.

Meine Sehnsuchtskirche vertraut ihren Mitarbeitenden und traut ihnen zu, ein Leben nach dem Evangelium zu führen, ohne mit einer lebensfernen Grundordnung für ein einschnürendes Korsett zu sorgen. In der Realität achten potentielle Mitarbeitende schon im Studium darauf, dass ja niemand mitbekommt, dass sie schon mit ihren zukünftigen Ehepartner*innen ausprobieren, ob sich diese Beziehung auch im alltäglichen Zusammenleben bewährt. Für diejenigen, denen das Leben erst nach Dienstantritt die große Liebe über den Weg laufen lässt, gestaltet sich dieses Ausprobieren als noch gewagteres Unterfangen. Da werden vor dem Einzelgespräch während der bischöflichen Visitation – das natürlich in den eigenen vier Wänden stattzufinden hat – schon mal Zahnbürsten, Schuhe, Rasierapparate u. ä. aus der Wohnung entfernt, damit man ja nicht „erwischt" wird.

Meine Sehnsuchtskirche reagiert auf Kritik offen und dankbar und hält sie nicht für Majestätsbeleidigung. Sie sucht das Gespräch und das Feedback der Menschen, die haupt- und ehrenamtlich für sie arbeiten und versteckt sich nicht, wenn sie in ihrem Handeln in Fragen gestellt wird.

Und es gibt noch viele andere Dinge, die in meiner Sehnsuchtskirche selbstverständlich sind, es in meinem realen Bistum aber nie waren:

Wenn pastorale Mitarbeitende über eine Versetzung nachdenken, dann schauen sie in der Sehnsuchtskirche einfach in die Stellenausschreibungen im Intranet und entscheiden dann gemeinsam im Gespräch mit der Personalabteilung, was denn passt und ihren Vorstellungen entspricht. In meinen realen „Perspektivgesprächen" war nie wirklich transparent, welche Stellen denn offen sind und nach welchen Kriterien die nächste Stelle für mich ausgewählt wurde – geschweige denn, dass es für mich je mehr als eine Stelle zur Auswahl gegeben hätte. Stattdessen guckten die Personalreferent*innen im Gespräch mit geheimnisvollem Gesichtsausdruck auf die Rückseite einer Bistumskarte, auf der nur für sie sichtbar die freien Stellen aufgelistet waren – zumindest war das immer meine Fantasie zur Rückseite dieser Wand. Fantasie brauchte man in diesen Gesprächen schon allein dafür, dass man sich selber einredete, dass es um so was wie „eine Perspektive“ gehen könnte. Ach und dafür, dass man den Ankündigungen Glauben geschenkt hat, dass das mit den Stellenausschreibungen auch hier „demnächst“ angegangen wird.

In meiner Sehnsuchtskirche werden pastorale Mitarbeitende vor unheilvollen Arbeitsbedingungen und Machtmissbrauch geschützt, ihre Sorgen und Nöte werden ernst genommen und es werden gemeinsam Auswege gesucht und gefunden. In der Realität meines Bistums war die zerschmetternde Antwort auf die Bitte um Versetzung, dass ich da jetzt „weiter kämpfen“ müsse. Man könne oder wolle mir da jetzt nicht helfen, aber vielleicht könnte ich meine Supervision noch um ein paar Sitzungen verlängern. Supervision braucht nämlich in diesem Bistum immer nur der, der unter den Bedingungen leidet, nie derjenige, der die Bedingungen schafft.

Wenn sich in meiner Sehnsuchtskirche eine Mitarbeiterin auf eine vakante Stelle bewerben möchte, ihr jetziger Chef und ihre Kolleg*innen dies unterstützen und auch das zukünftige Team sich die Zusammenarbeit mehr als nur gut vorstellen kann, dann freut sich die Bistumsleitung darüber, für die freie Stelle eine Lösung gefunden zu haben. Real gab es allerdings keine Freigabe für die neue Stelle – aus Gründen, die im Gespräch einfach zu widerlegen gewesen wären. Aber dazu hätte man ja ein Gespräch führen müssen, anstatt einfach die Entscheidung telefonisch mitzuteilen. Außerdem habe der Bischof nun auch wirklich keine Rechenschaft über eine Personalentscheidung abzulegen. Die Stelle blieb dann einfach noch anderthalb Jahre unbesetzt – wäre ja auch zu einfach gewesen.

Wie meine Sehnsuchtskirche reagieren würde, wenn ihr Mitarbeitende nach fast zwanzig Jahren Einsatz im Weinberg des Herrn den Rücken kehren und sich nach einer neuen beruflichen Herausforderung umsehen, das kann ich nicht sagen. Auf keinen Fall verschickt dort aber der Personalverantwortliche einen unpersönlichen Formbrief als Reaktion auf die Kündigung und weist daraufhin, dass Schlüssel und Co. dann bitte fristgerecht beim leitenden Pfarrer abzugeben sind.

Falls jemand weiß, wo ich diese Sehnsuchtskirche finde, freue ich mich über Hinweise. Bis dahin setze ich mich der realen Kirche nur noch so weit aus, wie ich irgendwie muss.

Anonym

Analyse des Textteils – wiederkehrende Muster in den Berichten

Bevor nun die wiederkehrenden Muster missbräuchlicher Machtausübung gebündelt werden, ist eines festzuhalten: Allein die Vielzahl der Perspektiven, verbunden mit der Bandbreite an Stilen und der Art der schriftlichen Auseinandersetzung, ist beeindruckend. Die redaktionelle Vorgabe eines relativ geringen zur Verfügung stehenden Textumfangs hatte eine Fokussierung zur Folge, welche die beschriebenen Situationen anschaulich, nachvollziehbar, ja lebendig werden ließ – bei allem neuartigen Erschrecken über die Perfidität kirchlichen Machtmissbrauchs.

Motive in den Rückmeldungen potenzieller Autor*innen

In den – schriftlichen wie mündlichen *(vgl. bspw. Beiträge [im ff. B] 1, 2)* – Rückmeldungen potenzieller Beteiligter am Buchprojekt finden sich vorrangig folgende Muster. Zunächst fallen mit Blick auf die Fallbeispiele die folgenden auf. An diesen sowie den im Nachgang systematisierten Mustern sollte die Aufarbeitung von kirchenspezifischen Machtstrukturen ansetzen.

- Katholik*innen, die die Kirche lediglich aus der „Nutzer"-Perspektive kennengelernt haben, wissen oft nichts darüber, wie Hauptberufliche unter der binnenkirchlichen Machtsituation leiden. Nicht selten sind sie erstaunt, überrascht bis brüskiert, wenn sie von Beispielen wie den hier im Sammelband beschriebenen erfahren. Der Überraschungseffekt deutet an, dass Hauptberufliche in aller Regel nichts von ihrer Negativerfahrung „nach außen" geben. Auf diese Weise wird der Schein gewahrt. Das System der Macht wird geschützt und gestützt.

- Die reflexive Annäherung an die eigenen, durch kirchliche Verantwortliche verursachten Verwundungen kostet Energie – Ressourcen, die viele Hauptberufliche nicht mehr besitzen. Der damit angestoßene innere Prozess kann zur Verarbeitung dienlich sein, er kann aber auch retraumatisierend wirken. Im zweiten Fall wähnen sich Betroffene zumeist im eigenen Schweigen sicher. Mit dieser Reaktion werden Negativerfahrungen verdrängt. Und die individuellen Dissoziierungsstrategien führen zu einer kollektiven Verdrängung.
- Positiv- und Negativerfahrungen werden gewichtet. Überwiegen die positiven Erlebnisse, existiert eine deutliche Hemmschwelle, von den wenigen negativen zu berichten. Damit ist nicht selten das Gefühl der Anmaßung verbunden, sich aufgrund subjektiven Erlebens eine Bewertung über das Verhalten eines Geistlichen oder kirchlichen Vorgesetzten zu erlauben. Diese unbewusste, unreflektierte Haltung verharmlost Machtmissbrauch und trägt im Letzten zur Vertuschung bei.
- Kirchliche Mitarbeitende fühlen in der Regel eine starke Loyalität zu ihrem Dienstgeber. Diese Haltung überträgt sich – aufgrund der steilen Machthierarchie der Organisation – auf die entsprechenden Personen in Leitungsverantwortung. So wird Verschwiegenheitspflicht zum Prinzip, ohne Differenzierung in grundsätzliche Bereiche, in denen diese Verpflichtung ggf. gar nicht greifen würde. Und auch wo es eine solche Verpflichtung nicht explizit gibt, empfinden es Hauptberufliche als unredlich, Kritik zu üben.
- Gleichzeitig haben sich viele kirchliche Mitarbeitende die Kompetenz angeeignet, zwischen amtlichen Verlautbarungen und realexistentem Gemeindeleben, zwischen Amtskirche und Evangelium zu differenzieren. Diese Überlebenskompetenz, auch hinsichtlich der eigenen Professionalität und der einstigen Leidenschaft, die sie in einen pas-

toralen Beruf geführt hat, kann die eigene Spiritualität schützen.

- Doch entwickeln solche „subversiven Praktiken" als fortgesetzter Rechtsbruch in den gemeindlichen oder anderen Arbeitsbereichen einen hochgefährlichen Bodensatz. Wenn Pfarrer innerkirchliche Freiräume bieten (was nicht nur verständlich, sondern oft genug geboten und sympathisch erscheint!), damit Gläubige überhaupt noch einen Grund sehen, sich nicht zu verabschieden, ist ein solcher Rechtsbruch zunächst ein Hinweis auf eine geschwächte Exekutive. Das Lehramt kann sich offenbar hier nicht mehr durchsetzen, und Bischöfe halten sich womöglich selbst nicht mehr daran. Zusätzlich bedeutet die Freiheit dieser „subversiven Praktik" eine Willkürpraxis, die sich in fortschreitender Delegitimierung destruktiv auf den Wahrheitskern auswirken wird. Wegen der Doppelbödigkeiten wird sich der Pragmatismus der Freiheitsmöglichkeiten selbst korrumpieren. Und systemisch stützt sie die Doppelmoral, die die katholische Kirche charakterisiert.
- Am eindrücklichsten fiel die Rückmeldung eines Betroffenen auf, der als kirchlicher Mitarbeiter davon ausgeht, mittlerweile selbst auch Anteile an den Machtspielen des Systems zu besitzen. Wenngleich es erschüttert, dass diese Reflexion unter dem Fokus als von Machtmissbrauch Betroffener zustande kam, so macht sie doch deutlich, wie der Täter-Opfer-Kreislauf auch im Bereich des kirchlichen Dienstes wirkt. Er kann nur durchbrochen werden, wenn sich kirchliche Mitarbeitende auf die eigenen, beruflich bedingten „Schatten" einlassen und die eigenen Anteile als „Täter" reflektieren. Erst diese – doppelte – Betroffenheit wird letztlich heilsam sein, für die Einzelnen wie für das System. Allerdings muss hier auch – wertfrei – festgestellt werden, dass sich die wenigsten kirchlichen Verantwortlichen, mit denen im Kontext dieses Buchprojekts

gesprochen wurde, im Moment darauf in letzter Konsequenz einlassen können. Die Strategie der Dissoziation ist stark und wirkmächtig. Und sie schützt damit im Letzten die defizitorientierten, toxischen Muster innerhalb dieses Systems.

Grundsätzliche Phänomene in den Beiträgen

Als grundsätzliche Phänomene – diese sollen zum Einblick hier noch strichwortartig benannt werden, im späteren Teil der Analyse werden sie weiter ausgeführt – fielen in den Textbeiträgen wiederkehrend auf:

- ein von der Hierarchie festgelegtes Gottesbild – alles andere gilt als Häresie *(vgl. bspw. B 46)*
- eine klerikale Ontologie, die zur Priesterzentrierung führt, indem sie die Kleriker „auf den Sockel" stellt *(vgl. bspw. B 7)*
- willkürlicher Umgang mit Macht in allen hier vorkommenden Institutionen: in der Justiz bzw. Gefängnisseelsorge *(vgl. bspw. B 15)*, im Krankenhaus *(vgl. bspw. B 20)*, im Missionswerk *(vgl. bspw. B 10)*, in vielen Gemeinden mit Teammitgliedern und Gläubigen *(vgl. bspw. B 5, 6, 8, 9, 12, 13, 16, 17, 19, 22, 23, 24, 34, 36, 43, 50)* sowie in Ordensgemeinschaften *(vgl. bspw. B 25, 26)*
- auch den eigenen Klerikern gegenüber *(vgl. bspw. B 21, 27, 29, 30, 31, 46)*
- mit fehlenden Kontrollmöglichkeiten *(vgl. bspw. B 3, 5, 11, 19, 21, 22, 24, 31, 43, 47)*
- mit fehlender Wertschätzung gegenüber den Betroffenen im Kommunikationsverhalten und einem „Kippen" im Tonfall, sobald die Betroffenen ihre Grundrechte einfordern *(vgl. bspw. B 3, 29)*

Die so intendierte Unklarheit erzeugt ein Gefühl von Hilflosigkeit *(vgl. bspw. B 3, 25)*. Mit gegensätzlichen Formen der Wahrnehmung wird sich dabei nicht auseinandergesetzt, sie werden „weggebetet“ und „weggelächelt“.

- Ein solches toxisches Führungsverhalten macht letztlich krank *(vgl. bspw. B 3, 11, 12, 25, 27, 29, 40, 45, 47, 49)* und nutzt schließlich dann das Kranksein noch dazu, Vorwürfe zu machen *(vgl. bspw. B 45)*. So wird wiederholt die Geduld und das Wohlwollen der Betroffenen ausgenutzt, auf Zeit „gespielt“, um dann – nach Wochen und Monaten – die „Ungeduld“ vorzuwerfen und aufgrund dieser das sachliche Eingehen auf Argumente, mögliche Lösungsversuche zu verweigern *(vgl. bspw. B 3, 29)*.
- Spätestens ab dieser Stufe, gelegentlich auch schon früher, wird Betroffenen die Freiheit zum eigenen Denken abgesprochen *(vgl. bspw. B 48)*. Themen wie Schuld, Berufung, Vertrauen, Gehorsamkeit, Demut werden dann vorrangig und verdecken die eigentliche Thematik.
- Das System fordert dann eine Infantilität ein, einen kindlichen Gehorsam. Wo dies nicht möglich ist, wird versucht, diejenigen zum Kind zu machen. Dieses Führungsverhalten ist vor allem, aber nicht ausschließlich, in Ordensgemeinschaften zu finden *(vgl. bspw. B 3, 25)*.
- Anstatt sich inhaltlich mit den Anliegen der Betroffenen auseinanderzusetzen, erfolgt der – nicht selten emotional gefärbte – Ausdruck des Misstrauens von oben nach unten. Oft wird vermeintlich fehlendes Vertrauen vorgeworfen *(vgl. bspw. B 3, 25, 30, 47, 48)*. Die Betroffenen sind – und bleiben – abhängig, und diese systemische Abhängigkeit wird ausgenutzt, als Mittel der Ausübung von Macht missbraucht.

Spezielle Muster und Motive in den Fallbeispielen

Als spezielle Muster und Motive der Macht finden sich in den dargestellten Beispielen:

- *kirchenspezifisches, ontologisch geprägtes Verständnis von Professionalität:*
So ist es leicht möglich, dass ein fachlich wie menschlich schlechter qualifizierter Kleriker über jede besser befähigte Person siegt *(vgl. bspw. B 10, 17)*. Dies schließt Begründungsfiguren ein, die auf der sachlichen Ebene nicht nachvollziehbar sind, unspezifisch und intransparent bleiben *(vgl. bspw. B 17)*.
- *unprofessionelle, kircheneigene Form der Personalführung:*
Diese ist oft von einer nicht verlässlichen Kommunikation – für die Seite Angestellter und auch betroffener Kleriker – sowie von Willkür geprägt *(vgl. bspw. B 34)*.
- *defizitäres bzw. fehlendes Konfliktmanagement:*
Anstatt den Versuch zu unternehmen, vom jeweils anderen her zu denken, dessen Gründe nachzuvollziehen und zu unterstellen, dass ihr oder ihm aus seiner Perspektive (ebenfalls) am gemeinsamen Ziel gelegen ist, dominiert oft ein toxischer Dualismus: Derjenige, der das System vertritt, beansprucht die Deutungshoheit, die „richtige" Antwort, während das, was die oder der andere sieht, als zumindest „falsch", wenn nicht gar als Angriff gesehen wird *(vgl. bspw. B 8, 9)*. Dieses Muster zeigt sich als tieferliegendes Motiv in nahezu allen Beiträgen und gibt sich immer dann zu erkennen, wenn die Sicht der (Vertreter der) Organisation und die Sorge um die Organisation – bzw. ihre öffentliche Reputation – die Kommunikation bestimmt. Dabei werden die Mitarbeitenden zweitrangig, ihnen gegenüber fehlt Sensibilität und Empathie, sie haben zu funktionieren *(vgl. bspw. B 27, 30)*.

- *Angst vor Kontrollverlust:*
Dieses Muster zeigt sich als Motiv hinter Formen des Missbrauchs von Macht, wenn der Machthabende um die Bedrohung seiner Macht zu wissen scheint, da sich diese aus der hierarchischen Verfasstheit heraus ergibt, aber nicht aus dem, was in nahezu allen anderen Berufsfeldern leitend ist: fachliche und überfachliche Kompetenzen. Um diese Angst nicht offenbar werden zu lassen, nutzt er Formen der Tabuisierung, Heimlichkeiten und, wo es möglich ist, Intransparenz als Mittel seiner Führung. Diese Muster können sich dabei zu institutionell geforderten Strategien entwickeln *(vgl. bspw. B 11, 33, 36).*
- *mangelnde Bereitschaft zur Auseinandersetzung mit eigenem Führungsstil:*
Die Fokussierung auf sich selbst und die Institution fordert zur weiteren Aufrechterhaltung dieser Strategien eine Begrenzung der Transparenz auf allen Ebenen. Das schließt sowohl den eigenen Führungsstil ein wie den Willen zur Aufarbeitung von Machtmissbrauch. Das „Kartenhaus" wäre andernfalls in seiner Statik bedroht *(vgl. bspw. B 25).* Dieses Muster findet sich nicht nur bei Klerikern und leitenden kirchlichen Verantwortlichen. Es kommt auch bei Gläubigen und Gemeinden zur Anwendung, die es (unbewusst) übernommen haben.
- *defizitorientiertes, toxisches Frauenbild:*
Unterschwellig ist in mehreren Beiträgen ein Frauenbild auszumachen, das Frauen als „defizitäre Wesen" (Heimerl) begreift *(vgl. bspw. B 25, 34, 43, 49).* Das Problem daran ist nicht nur der Umstand als solcher sowie das damit verbundene diskriminierende Menschenbild, sondern, dass dieses defizitorientierte, toxische Frauenbild unbewusst wirkt – insbesondere bei Klerikern.

- *Doppelmoral auf vielen bzw. allen Ebenen:*
Das erschreckendste Beispiel in den hier zu Grunde liegenden Zeugnissen war die kirchlich geforderte Abtreibung bei Schwangerschaften durch Priesteramtskandidaten, bezahlt und angewiesen durch das Generalvikariat *(vgl. bspw. B 43, 49).*
- *Übergriffigkeiten bei Sexualmoral:*
Intime Themen, die dem Fragenden in der Sache nicht zustehen und aus den Bewertungsmaßstäben für die zu entscheidende Causa außen vor zu bleiben haben, werden angesprochen und bewertet *(vgl. bspw. B 44, 49).* Dadurch besteht die Gefahr des spirituellen Machtmissbrauchs durch geistliche Begleiter*innen *(vgl. bspw. B 38).*
- *Toxische Abschiedskultur:*
Verabschiedungen werden genutzt, um im Hintergrund, d. h. durch nicht offene Kommunikation, noch einmal zu disziplinieren und fertigzumachen *(vgl. bspw. B 3, 11).*

Exkurs: Klerikalismus und kirchliche Frauenfeindlichkeit

In den Beiträgen lassen sich durchgängig Formen von Klerikalismus und kirchenspezifischer Frauenfeindlichkeit erkennen. Dabei beläuft sich der Anteil der *Kleriker* (hier Diakone und Priester) in den hier versammelten Texten auf *17 Prozent.* Der Anteil der *Frauen* unter den Autor*innen ist mit *48 Prozent* nahezu hälftig.

- Mit dem Begriff „Klerikalismus“ wurde bis vor wenigen Jahren das Bestreben von Angehörigen des Klerus bezeichnet, grenzüberschreitend in politische oder sonstige weltliche Bereiche hineinzuwirken. Heute dagegen werden damit nicht zuletzt durch Predigten und Ansprachen von Papst Franziskus verstärkt eher negativ konnotierte Verhaltensweisen der Kleriker im innerkirchlichen Bereich bezeichnet, nämlich da, wo Priester primär an sich interessiert sind und nicht am Volk Gottes, zu dem sie gehören und für das sie da sind, dem gegenüber sie sich aber erhaben und überlegen zeigen (vgl. Bucher/Jansen, 2018). Das geht nach einschlägigen Beobachtungen so weit, dass Klerikalismus als (problematische) Identitätsstrategie genutzt wird: Als statusbegründende Selbstherrlichkeit und Selbstbezogenheit, die helfen soll, mit den eigenen Identitätsproblemen fertig zu werden.

- Klerikalismus findet sich in der Hierarchie auch den eigenen Klerikern gegenüber, wie die vorliegenden Beiträge der Diakone und Priester zeigen. Außerdem werden solche Verhaltensweisen von Nicht-Klerikern übernommen, und zwar sowohl innerhalb der Hierarchie Untergebenen gegenüber wie auch gegenüber Gemeindemitgliedern.
- Klerikalistische Züge entspringen der amtstheologischen Ontologie. Sie sind auf eine aus der heutigen Zeit gefallene Verfasstheit von Kirche zurückzuführen. Sie haben eine Struktur begründet, in der die klerikale Leitung die Definitionshoheit über den Willen Gottes für sich in Anspruch nimmt bzw. nehmen kann. Ontologisch begründeter Klerikalismus wehrt per definitionem Kontrollen ab, was der Willkür Tür und Tor öffnet. Eine Teamfähigkeit der Kleriker wird erschwert.
- Mit der ontologischen Verfasstheit tritt die fachliche Kompetenz in den Hintergrund. Treten fachliche Konkurrenten – Pastoralreferenten als Volltheologen, Gemeindereferenten mit einem Studium der Religionspädagogik oder Diakone mit theologischer oder fachverwandter Ausbildung – auf den Plan, werden sie als dem Pfarrer untergeordnet wahrgenommen. Pastoral- und Gemeindereferentinnen werden als Frauen in der katholischen Kirche zunächst als Bereicherung in der von Männern dominierten Kirche erfahren. Erscheinen sie im Altarraum und gestalten sie den Gottesdienst mit, unterstützen sie den Pfarrer, der zu-

meist bei seinen vielfältigen Aufgaben überlastet ist. Daher werden sie auch von konservativen Gemeindemitgliedern durchaus geschätzt bzw. akzeptiert, da sie schon allein dadurch, dass es sich um Frauen handelt, dem „geweihten" Priester ohnehin nicht das Wasser reichen können. Zum Verhängnis kann es für sie werden, wenn sie bei den Gemeindemitgliedern durch ihre fachliche und menschliche Kompetenz gar besser ankommen als der Priester und insgeheim der Wunsch geäußert wird, dass diejenige Person der „eigentliche Pfarrer", die „eigentliche Pfarrerin" sei. Kommen solche Äußerungen einem klerikalen Priester zu Ohren, wird er, ausgestattet mit seiner Machtposition, alles daransetzen, diese Person loszuwerden. Mobbing und Intrigen bis hin zu öffentlichen Diffamierungen und Verleumdungen sind dabei gängige Mittel *(vgl. bspw. B 4, 20)*.

- Klerikalismus als letzte Macht des (obersten) Klerikers zeigt sich dann auch besonders an Stellen, die der Klärung bedürfen *(vgl. bspw. B 3, 20)*. Selbst wenn bei der „Arbeitsumschreibung" bei Laien im kirchlichen Dienst festgelegt ist, dass ihnen vom Bischof die Predigterlaubnis erteilt wurde, ihnen für ihr Aufgabengebiet ein bestimmter Betrag zur Verfügung gestellt werden muss oder sie eigenständig ihre Arbeitsfelder gestalten und verwalten dürfen, ist dies alles keine Garantie dafür, dass ihnen der Pfarrer nicht in alle Bereiche hineinredet oder ihnen gar die notwendigen Gelder verwehrt. Auch die Vorgesetzten im Bischöflichen Ordinariat werden einen solchen Pfarrer nicht unbedingt in seine Schranken verweisen. Bereits die unkonkrete Sprachlichkeit entgegen der rechtlich sicheren Bezeichnung Arbeitsplatzbeschreibung schafft den möglichen Freiraum für Missbrauch. Eine „Fürsorgepflicht", die das Betriebsverfassungsgesetz für jeden Arbeitgeber in der Bundesrepublik Deutschland vorschreibt, sucht man im kirchlichen Bereich vergebens, denn alles, was im kirchlichen Arbeitsrecht festgelegt ist, kann jederzeit von klerikalen Führungskräften boykottiert werden *(vgl. bspw. B 20)*.

Hier zeigt sich der gedankliche Zusammenhang mit dem Frauenbild der katholischen Kirche:

• Zwar ist einerseits im vorliegenden Buch der Anteil der Beiträge von Frauen nicht signifikant höher als der von Männern. Und vieles von dem, was von Frauen beschrieben wird, findet sich genauso oder ähnlich in den Berichten von Männern und ist damit nicht weiter frauenspezifisch.

• Anderseits ist das Frauenbild (zu finden in *bspw. B 43, 49*), das nach wie vor in der katholischen Kirche herrscht, ohne die Definitionshoheiten und Inhalte des Lehramtes nicht denkbar und verdankt sich ihm genauso, wie es der Klerikalismus tut. Insbesondere die Regeln zur Sexualität erweisen sich dabei als taugliche Instrumente des Machtmissbrauchs, gleichgültig, ob es Heterosexuelle oder Menschen mit einer anderen sexuellen Ausrichtung betrifft.

• Zurückzuführen ist dieses Frauenbild auf die Entwicklungen des 19. Jahrhunderts mit seiner ultramontanen Marienfrömmigkeit, die mit dem Dogma der Unbefleckten Empfängnis 1854 ihren Höhepunkt fand (vgl. Wolf, 2020). Spätere lehramtliche Erklärungen wie „Inter insigniores" 1976 oder „Mulieris Dignitatem" 1988 beschreiben dann endgültig Frauen als „andere Wesen" (vgl. Heimerl, 2015), obwohl Papst Johannes XXIII. ihnen 1963 in der Enzyklika „Pacem in Terris" in einem eigenen Absatz für das häusliche Leben und dasjenige im Staat wie selbstverständlich Rechte und Pflichten zuerkennt, die der *Würde der menschlichen Person* entsprechen (PT Nr. 22). Hier ist noch der Versuch erkennbar, Gerechtigkeit und Menschenwürde möglichst umfassend zu etablieren. Aber schon im Konzilsdokument „Gaudium et spes" wird die Rolle der Frau mehr oder weniger auf die Ehe festgeschrieben, und bei Ehe und Familie geht es dann auch immer gleich um kirchliche Normen der Sexualität (vgl. Heimerl, S. 32–34). In späteren lehramtlichen Schreiben – z. B. „Inter Insigniores“ (1976), „Mulieris dignitatem“ (1988) oder „Ordinatio Sacerdotalis“ (1994) – wird die Frau endgültig zum „Spezialproblem“, mit dem Ziel der Festschreibung der Unmöglichkeit der Frauen-Priesterweihe: Geschlechtsspezifische Veranlagungen und Dynamismen werden bemüht, weltliche Spielregeln wie Gleichberechtigung werden für Frauen in der Kirche abgelehnt, weil es ein spezielles weibliches Anderssein, sprich weibliche Berufung gebe. Schon früh wurde darauf hingewiesen, dass die ständige Betonung der „besonderen Rolle der Frau“ tatsächlich eine sublime Diskriminierung der Frau offenbare.

- Was im staatlichen Recht Diskriminierung wäre, gilt in der Kirche als Konsequenz der lehramtlichen Geschlechteranthropologie, die nach kirchlichem Selbstverständnis nicht bloße Meinung oder gar „Erfindung“ von Papst und Bischöfen ist, sondern deren geistbegabte „Auslegung“ von Gottes Plan für Frau und Mann. Und nach c. 747 § 1 CIC 1983 hat Christus „der Kirche das Glaubensgut anvertraut, damit sie unter dem Beistand des Heiligen Geistes die geoffenbarte Wahrheit heilig bewahrt, tiefer erforscht und treu verkündigt und auslegt“. Zuständig hierfür ist allein das kirchliche Lehramt, also der Papst und die Bischöfe mit und unter ihm (vgl. Anuth, 2017, S. 171–188) – seit dem Ersten Vatikanischen Konzil 1870 nicht so sehr durch das Unfehlbarkeitsdogma, sondern in letzter Konsequenz durch den Jurisdiktionsprimat des Papstes festgeschrieben (vgl. hierzu Wolf, 2020). Also ist und bleibt es dem Papst unbenommen, gegen alle wissenschaftliche Expertise in der eigenen katholisch-kirchlichen Logik zu verharren und zu beschließen: Es geht jetzt um das Mannsein Jesu, weshalb eine Frau Christus nun einmal nicht repräsentieren könne (vgl. Eckholt/Rahner, 2021). Klerikalismus und Frauendiskriminierung befördern sich gegenseitig. Insofern ist es nur folgerichtig, theologische Ansätze, die Machtmissbrauch legitimieren, als „gefährliche Theologien“ zu bezeichnen (Reisinger, 2021). Die Nähe von Klerikalismus und Frauendiskriminierung zu Machtmissbrauch ist offensichtlich.

Die hier vorgenommene Analyse versteht sich als Versuch, den in den vorliegenden Fallbeispielen zu Tage getretenen Phänomenen ein Stück weit eine Struktur zu geben, um die dahinterliegenden Muster und Motive in ein Bild und einen Begriff zu bringen. Oft handelt es sich um unbewusste, damit aber systemisch umso fester zementierte Beweggründe. Denn vieles ist bis heute nicht greifbar, nicht verstehbar, zugleich aber vehement wirkmächtig. Mit dem Versuch, Worte zu finden für das Unaussprechbare und Traumatisierende, Erschütternde und Toxische, wird zugleich dem System ein Spiegel vorgehalten: Denn die Aufgabe, eine angemessene Sprache zu finden für das, was sich seit einem Jahrzehnt in der katholischen Kirche ereignet, sowie ebenso Worte für die Gründe dieser Dramatik, wäre der Anfang aller Aufarbeitung – so diese letztlich überhaupt gewollt ist. Das Stammeln im Angesicht des Schocks ist nur menschlich und sei auch den Bischöfen zugestanden. Aber nach über einem Jahrzehnt der Talfahrt immer noch zu stammeln oder gute, inhaltsstarke Begriffe wie Reue oder Betroffenheit für ihre Öffentlichkeitsarbeit zu instrumentalisieren, anstatt sich auf das, was die Betroffenen zu sagen haben, einzulassen und es in eine notwendige Systemkorrektur zu integrieren, ist nicht mehr akzeptabel. Es verletzt die Würde aller Menschen, die der katholischen Kirche noch die Stange halten, und ihre religiösen Gefühle. Das, was die deutschen Katholik*innen seit über einem Jahrzehnt im Kontext von sexualisiertem Missbrauch und dessen „Aufarbeitung“ erleben, darf sich im Kontext des kirchlichen Arbeitsrechts nicht wiederholen. So desaströs dieser Prozess auch war, von ihm wäre zu lernen. Denn es gibt einen Grund, warum die Bischöfe sprachlos sind und ihre Sprachlosigkeit mit Wolkenbegriffen kaschieren müssen: Weil es im System katholische Kirche, in der Ausbildung ihrer Mitarbeiter*innen, insbesondere der Kleriker, nicht üblich ist, über bestimmte Bereiche des Lebens (!) zu sprechen. So wird Sexualität pauschalisiert, alles ist Sexualität: die Art, wie sich ein Mensch bewegt, sich fühlt, atmet, letztlich am Altar schreitet. Das Spezielle wird so sehr zum Allgemeinen, dass es unbestimmt wird – und jeder mitreden kann, ob er nun eigene Erfahrungen hat oder nicht. Anders ist das fehlende Unrechtsbewusstsein nicht zu erklären, das kirchliche Täter immer wieder zeigen. Eine ähnliche primitive Verallgemeinerung zeigt sich – bei aller Differenzierung der Ebenen – im kirchlichen Arbeitsverhältnis. Entscheidend ist, was der jeweils Obere sagt, und basta. Argumente zählen nicht, und das, was im Studium der Theologie noch einen hohen Wert hatte, nämlich systematische Reflexion und die Erschließung differenzierter Zusammenhänge, ist nicht mehr gefragt, gar gefährlich. Menschen, die sich auf derart vormoderne, ja archaische soziale Muster einlassen und sich diesen über Jahre anpassen, verlieren unter Umständen nicht nur das Gefühl für Recht und Unrecht. Im schlimmsten Fall verlieren sie gar den Bezug zu sich selbst, zu ihren ureigenen Werten und auch zu allem, was auf der Ebene der Grund- und Menschenrechte verbrieft ist. Darüber hinaus geben sie unbewusst ihre eigene Fähigkeit zur Verantwortungsübernahme ab. Denn ein System, in dem im Letzten allein der absolute Macht-Haber verantwortlich ist, tendiert zur Verantwortungsdiffusion. Das heißt, jede und jeder spielt die abverlangte Rolle im unheiligen Spiel der Macht, aber niemand fühlt sich für genau jenen Anteil des eigenen Spielchens verantwortlich, ohne den das große Getriebe sich nicht mehr gedreht hätte – schließlich ist er oder sie nur ein „kleines Rädchen“. Diese eigenen Anteile selbstkritisch zu prüfen und vielmehr Sand im Getriebe einer Organisation zu sein, die aus dem letzten Loch pfeift, so lautet stattdessen das Gebot der Stunde.

Deutlich wird an diesen 50 Beiträgen und der vorgenommenen phänomenologischen Analyse, dass nicht Macht als solche das Problem ist, sondern deren heilloser, dysfunktionaler und toxischer Missbrauch zur Durchsetzung eigener Interessen, Prinzipien und Glaubenssätze. Wie im anschließenden Kapitel noch weiter auszuführen sein wird, zeigt sich Machtmissbrauch in den folgenden Ausprägungen:

1. Der Macht-Haber verfügt nicht über die Fähigkeit zur Machtausübung, er ist inkompetent. Folglich ist die Zielerreichung – wenn überhaupt möglich – dilettantisch oder sie folgt dem Zufallsprinzip.
2. Dem Macht-Haber fehlt der Wille, Macht zielgerichtet auszuüben. D. h. er ist demotiviert, er zeigt Leitungsverweigerung und übernimmt folglich auch keine Verantwortung.
3. Der vermeintliche Macht-Haber hat nicht die Aufgabe, Macht auszuüben. In diesem Fall ist es nicht seine Aufgabe; die Ausübung von Macht wäre folglich Amtsanmaßung.
4. Der Macht-Haber verfolgt eigene Ziele. Dies tut er offenkundiger oder verdeckter. An den Zielen der Organisation ist er ebenso wenig interessiert wie an den Mitarbeitenden.

In *mindestens* eine, zumeist aber in mehrere dieser Kategorien können die zuvor beschriebenen und analysierten Formen missbräuchlicher Ausübung von Macht eingeteilt werden. Sie wird regelmäßig einlullend, korrupt oder repressiv eingesetzt und führt bei Betroffenen zu Angst, Isolierung, Scham oder Verzweiflung. Zudem fällt auf, dass Machtinhaber stellenweise nicht wahrgenommen haben, dass sie qua Amt Machtinhaber sind. Insofern sind sie hier völlig ignorant und zeigen eine gering ausgeprägte Rollenkompetenz. Was dieser Befund für die Führungskultur der katholischen Kirche bedeutet, ist Teil des folgenden, letzten Kapitels.

Alle dokumentierten Berichte der Betroffenen wurden anhand dieser Differenzierung gegliedert. Dabei war hier das am stärksten hervorstechende Motiv für Machtmissbrauch leitend. Die Einteilung in die entsprechende Rubrik schließt andere Kategorien bei einem Beitrag explizit nicht aus.

Kategorien von Machtmissbrauch in den Fallbeispielen

Kategorie I: Missbrauch durch Unfähigkeit zur Gestaltung

„Mit Personalführung hat das nichts (…) zu tun.“

Machtmissbrauch als Unfähigkeit bzw. aus Unfähigkeit zu Führung und Gestaltung hat viele Gesichter.

- Die Unfähigkeit von Geistlichen zu Leitung und Führung zeigt sich vielfach, daraus resultiert oft Überforderung, die wiederum ihre Auswirkungen auf alle Beteiligten hat *(vgl. bspw. B 4)*. Dabei treten geweihte Gemeindeleiter oft auf wie „von Gottes Gnaden“ *(vgl. bspw. B 5)*. Das Muster korreliert dabei nicht selten mit einer Haltung, die der Kategorie II zu Grunde liegt.

- Unfähigkeit zur Amtsführung geht oft mit Neid auf die fachliche (und personelle) Kompetenz der Mitarbeitenden einher. Wer sich dieser Form des Machtmissbrauchs nicht beugt, wird „kaltgestellt". Stark angepasste und im voreiligen Gehorsam agierende Mitarbeitende stärken dieses Verhalten und üben sich damit ebenso im Machtmissbrauch *(vgl. bspw. B 10)*. Die klerikale Stellung siegt dabei durchgehend über die fachliche Kompetenz *(vgl. bspw. B 15)*. Das bedeutet auch, dass Steigerung der Gestaltungsfähigkeit nicht notwendig ist, weil die Weihe – vom eigenen Selbstverständnis und aus der systemischen Legitimation heraus – (vermeintlich) genügt *(vgl. bspw. B 9)*.
- Ebenso zeigt sich Machtmissbrauch als Gestaltungsunfähigkeit in der durchgängigen Unfähigkeit zu Personalführung sowie Konfliktlösung; insbesondere dann, wenn die Kompetenzen der Menschen eine Bedrohung der eigenen Inkompetenz darstellen *(vgl. bspw. B 12, 13)*. Die kollektive klerikale Deutung der Ziele der Organisation rechtfertigt dabei Übergriffigkeit und Machtmissbrauch *(vgl. bspw. B 11)*. Oder die Unfähigkeit entspringt schlicht dem Fehlen jeglicher Empathie mit dem Betroffenen, wenn z. B. eine Frage nach den eigenen zukünftigen Möglichkeiten im System „beantwortet" wird mit dem, wo man ihn jetzt nicht mehr einsetzen kann. Antworten beziehen sich nicht auf die Frage, sondern auf die Befindlichkeit des Antwortenden selbst *(vgl. bspw. B 27, 30)*. In vielen zusätzlichen Gesprächen wurde davon berichtet, wie unangenehm es wird, wenn Vorgesetzte sogar empathielos für ihr Gegenüber Verständnis für die eigene, ach so belastende Situation einfordern.
- Besonders interessant ist, wenn Mitarbeitende das erwartete und später eingetretene Verhalten des Systems und seiner Verantwortlichen nicht nur kennen, sondern sogar antizipieren *(vgl. bspw. B 13, 14)*. In einem Schreiben zu

seiner eigenen Verteidigung fügt ein Autor die Bemerkung hinzu, man dürfe den Verteidigungstext auch ungelesen wegwerfen. Das verweist auf ein Ohnmachtsgefühl und deutet gleichzeitig die Systemkompetenz der Betroffenen an – mit Bestandteilen des Hirtenprinzips, einer top-down-Kultur und eines toxisch wirkenden Klerikalismus – und damit ihr Wissen um den dauernden Balanceakt von Aushalten und Gegenhalten *(vgl. bspw. B 13)*.

- Gestaltungsunfähigkeit zeigt sich nicht nur, wo die Grenzen der eigenen Zuständigkeit überschritten sind und ggf. Zielkonflikte bestehen *(vgl. bspw. B 17)*, die eine Lösung für alle Beteiligten konterkarieren. Sie liegt vielfach dort vor, wo mit der Andersartigkeit des Gegenübers und der Fremdartigkeit der Situation nicht umgegangen werden kann. Oder wo unfruchtbare Gespräche offensichtlich ohne Absicht, den Sachverhalt zu klären, als eine Simulation von Dialog beschrieben werden *(vgl. bspw. B 21)*. Im Gegensatz zur Führungsverweigerung entlädt sich die Energie der Verantwortlichen dann in eine heillose „Führung“: Der kirchliche Verantwortliche „führt“ äußerst intransparent, arbeitet mit Vorwürfen, sein Neid sucht sich letztlich produktive, aber für die Betroffenen vernichtende Wege *(vgl. bspw. B 3)*.
- Diese Art und Weise der Unfähigkeit zur Menschenführung zieht sich bis zum Ausscheiden durch. Die Verabschiedungen fallen dann äußerst bescheiden aus oder finden gar nicht statt. Oder es werden die Tatsachen noch verdreht, indem bspw. die Betroffenen aufgefordert werden, die unehrliche Version des Ordinariates selbst zu formulieren *(vgl. bspw. B 11)* oder Dank zu geben anstatt Würdigung und Dank zu erhalten *(vgl. bspw. B 3)*. Dagegen ist in der Wirtschaft heute unbestritten, dass sich die Kultur eines Unternehmens besonders deutlich in seiner Trennungskultur zeigt.

- Kirchliche Verantwortliche beziehen ihre Legitimation zu Machtmissbrauch nicht ausschließlich aus ihrer Stellung, sondern insbesondere auch durch das „Auf-den-Sockel"-Stellen und „Anhimmeln" aus der (oft weiblich besetzten) Kirchenbank. Spätestens dadurch werden Kleriker in eine nicht menschliche Sphäre gehoben bzw. das ontologische Moment würde ohne solche Verhaltensweisen unter Umständen auf weniger fruchtbaren Boden fallen *(vgl. bspw. B 7)*.
- Selbstherrliches Gehabe von Klerikern lässt sich damit nicht nur rein aus der eigenen biografischen Prägung erklären, sondern insbesondere auch durch diese „fruchtbare" Resonanz „von unten" *(vgl. bspw. B 18)*. Indem sich dieses in klerikales Niedermachen und in emotionale Überreaktionen kirchlicher Verantwortlicher ausbaut, zeigt sich nicht nur die eigene, persönliche Unfähigkeit. Sondern es wird offenkundig, dass auch die eigene klerikale – bischöfliche – Macht unter dem willkürlichen Druck von „unten" steht, bspw. in starken konservativen Gegenstimmen *(vgl. bspw. B 6)*. Trotz höchster Weihevollmacht erlebt sich der kirchlich Leitende in der Rolle des Leidenden – seine Macht kippt in Ohnmacht. Trotz Macht und Hierarchie sieht er sich außer Stande, angemessen einen Shitstorm auszuhalten.
- Dass sich kirchliche Verantwortliche persönlich so „gehen" lassen, lässt sich nicht ausschließlich als persönliches Führungsdefizit feststellen. Indem das System dies zulässt, stärkt es die Möglichkeiten dazu – und damit jeden Einzelnen in seiner auszulebenden Inkompetenz. So lassen sich zum Beispiel unfähige Seelsorger bei vermeintlichen „Abweichlern" und bei deren „abweichlerischem" Verhalten von brachialen Machtvorstellungen leiten, die die Organisation selbst geschaffen hat *(vgl. bspw. B 8)*.
- Fehlende Delegationsfähigkeit rundet dieses „Profil" der Gestaltungsunfähigkeit schließlich ab *(vgl. bspw. B 16)*.

Ebenso werden verbindliche Absprachen, wie zum Beispiel Stellenbeschreibungen, nicht beachtet – und damit in der faktischen Wirkung im Letzten unverbindlich. Was aus dieser heillosen Macht als Sieger hervorgeht, hat einen Namen: Willkür.

Kategorie II: Missbrauch durch fehlenden Gestaltungswillen

> *„Auf Rücksprache mit dem zuständigen Personalreferenten im Bischöflichen Ordinariat erklärt mir dieser, dass ich meine Rechte gegenüber meinem Kollegen selbst einfordern und dieses Problem eigenständig lösen müsse."*

Voraussetzung für das Wirksamwerden der Gestaltungsfähigkeit ist ein grundsätzlicher Gestaltungswille. Erschütternd ist, dass manche Verhaltensweisen nur damit zu erklären sind, dass es oft genug schon daran mangelt – und ein fehlender Wille zur Gestaltung dem Missbrauch Tür und Tor öffnet. Machtmissbrauch als Verweigerung von Führung lässt sich insbesondere und wiederholt beim Umgang mit „Abtrünnigen" finden. Als Muster von „Führung" bzw. Nichtführung ist es in der verstörenden Wirkung bei Betroffenen verheerend. Das unterschwellige Motiv auf der Seite des Systems und seiner Verantwortlichen lautet: Ihr gehört nicht mehr zu uns, was wollt ihr eigentlich? Der toxische Umgang zeigt sich nicht zuletzt in einer miserablen Trennungskultur.

- Beim Umgang mit suspendierten Priestern ist beispielhaft zu sehen, dass das System kein Interesse hat, sich mit den Ehemaligen, ihrer Perspektive und ihrem weiteren Schicksal auseinanderzusetzen *(vgl. bspw. B 31)*. Dabei ist der menschenunwürdige, verletzende und verachtende Umgang mit Ehemaligen auffällig *(vgl. bspw. B 28)*. Die tiefen persönlichen und auch existenziellen Fragen Betroffener interessieren anscheinend das System wiederholt nicht. Die Sympathie der Verantwortlichen geht zuweilen gegen null. Die „Abtrünnigen“ fallen auf sich selbst und ihre neue, meist unsichere Lebenssituation zurück *(vgl. bspw. B 30)*.

- Bei einem von einer Gemeinde ausgehenden Machtmissbrauch kann festgestellt werden, dass der zuständige Bischof den Umstand nicht weiter untersucht resp. untersuchen will, sondern sich auf den CIC beruft, bei Zweifeln an der Eignung eines Bewerbers nicht zu ordinieren. Das Ordinariat hat zudem keinerlei Interesse bzw. Wille sich zu kümmern, bis hin zur Verweigerung einer gemeinsamen Kommunikation nach außen, die vom Betroffenen angeboten wird *(vgl. bspw. B 21)*. Den Unwillen, mit „Druck von unten“ konstruktiv und zielführend umzugehen – bzw. sich auch gegen missgünstigen Druck „von unten“ zu positionieren –, lässt sich mehrfach finden *(vgl. bspw. ebd.)*.
- Die Verweigerung von Führung resp. des zielorientierten Gebrauchs von Macht wird insbesondere dann augenscheinlich, wenn Konflikte auftreten. Dieses Phänomen hängt mit der vermeidenden, passiven Konfliktkultur des Systems katholische Kirche zusammen. So wird beispielhaft der Bitte eines Betroffenen, sich um einen Konfliktfall zu kümmern, von den kirchlichen Verantwortlichen nicht nachgegangen *(vgl. bspw. B 23)*. Vielmehr hätten die Beteiligten ihr Problem vor Ort zu lösen *(vgl. bspw. B 20)*.
- Anliegen auf Klärung werden mehrfach verweigert, es herrscht keine Konfliktlösekompetenz des Systems und seiner Verantwortlichen vor, nicht einmal zur aufrichtigen Kommunikation. Stattdessen flieht man ins Nichtstun *(vgl. bspw. B 23, 26)*.
- Ebenso lässt sich dieses Muster bereits in der wiederholten Verweigerung der Durchführung von Dienstgesprä-

chen – also im Grunde der Verweigerung einer Führungspflicht – beobachten *(vgl. bspw. B 22)*.

- Als sehr eindrücklich und nachhaltig hochgradig belastend gibt sich ein Muster zu erkennen, das im Spiel auf Zeit besteht. Dabei riskiert bzw. evoziert die Organisation eine emotionale Reaktion derer, die ihre Anliegen über lange Zeit auf der Sachebene vorgebracht haben. Tappt der Bittsteller schließlich in die Falle der Emotionalität, erfolgt der Rückschlag der Organisation, nach dem Motto: Also, wenn Sie so einen Ton anschlagen, brauchen Sie mit einer Antwort des Bischofs selbstverständlich nicht mehr zu rechnen *(vgl. bspw. B 29)*. Von Verhaltensweisen dieses Musters von Machtmissbrauch ist in der Entstehung dieses Sammelbandes mehrfach erzählt worden. Es basiert auf einem Ineinander von Sach- und Beziehungsebene und zeigt die toxische, narzisstisch anfällige Seite des Systems Kirche auf besonders fatale Weise.
- Es kommt auch eine Form von „Führung" vor, insbesondere in Ordensgemeinschaften, die auf übliche Maßstäbe wie Fach- und Personalkompetenz verzichtet und dafür auf spiritueller Ebene argumentiert, bspw., indem der Heilige Geist als leitende „Person" ins Feld geführt wird *(vgl. bspw. B 24)*. Dieses Muster korreliert mit der Kategorie I: Führungsunfähigkeit, hat aber ein erkennbares Ziel: dass sich die Betroffenen fügen und den eigenen Willen resp. mögliche konstruktive Einlassungen aufgeben. Damit wird dieses Muster im Letzten unbewusst auf Mitarbeitende übertragen, die sich dann ebenso entwickeln und in ihren Arbeitsbereichen ebenso willenlos führen können. So werden durch dieses Muster Menschen, die sich einbringen wollen, im Letzten deformiert.
- Die vorliegenden Fallbeispiele belegen dabei, wie wirkmächtig dieses Muster sein kann, oft ein Leben lang *(vgl. bspw. B 25)*, wie ein O-Ton im Kontext dieses Buches zeigt: „Den speziell kirchlichen Machtmissbrauch sehe ich darin,

dass die Gängelungen und das Kleinmachen zur Zermürbung und Zerstörung geführt haben“ *(vgl. bspw. B 12)*.

- Im persönlichen Fertigmachen spitzen sich Beispiele der Kategorie II auf vernichtende Art und Weise zu: So werden Betroffene persönlich „fertig gemacht“, bis sie erkranken. Das System dissoziiert dabei seine eigenen Anteile am Machtmissbrauch und am systemischen Krankmachen von Menschen. Die zugefügte Erkrankung wird dabei nicht nur zum persönlichen Schicksal der Betroffenen, sondern muss als wiederholtes Beispiel der Konfliktunfähigkeit gesehen werden, als brachiales, anarchisches Mittel des Niedermachens *(vgl. bspw. B 19)*.

Kategorie III: Missbrauch durch Veränderung der Aufgabe

> *„Diese toxische Situation bleibt unauflösbar. Alle bisherigen Berichte werden (…) als alberne Legende abgetan.“*

Bereits an diesem exemplarischen Zitat wird deutlich: Auch hier sind die Übergänge zwischen den Kategorien wieder fließend. Ebenso wird deutlich, wie die Unfähigkeit Einzelner zur Unfähigkeit vieler mutieren kann – weil das System es so befördert.

- Wenn sich ein Geistlicher beispielhaft die Aufgabe anmaßt, über die Moral einer Familie zu urteilen, und seine Beurteilung zum Maß der Dinge erklärt und mit einer entsprechenden Meldung an das Ordinariat verbindet *(vgl. bspw. B 33)* oder ein Pfarrer über wichtige Inhalte informiert wird, diese aber für sich behält *(vgl. bspw. B 34)*, wird daran deutlich, dass diese Motivlage immer auch mit der Führungskompetenz des/r jeweiligen Verantwortlichen (Kategorie I), seinem Führungswillen (Kategorie II) und mit möglichen Zielkonflikten (Kategorie IV) verbunden ist.
- Ebenso intensiv zeigt es sich, wenn sich ein Pfarrer die Aufgabe anmaßt zu „exkommunizieren“. Diese Übergriffigkeit

hatte für die entsprechende Familie Folgen, die über mehrere Generationen hinausgingen *(vgl. bspw. B 36)*. Das religiöse Heimatgefühl der Betroffenen zu zerstören tangiert den offensichtlich wenig empathiebegabten Kleriker offenbar nicht.

- Als zeitloses Thema ist auch die Anmaßung klassisch, im „Willen Gottes" zu sprechen. Was dabei in früheren Jahren die Beurteilung beispielsweise über die Mitgliedschaft in der SPD war und heute sicherlich so nicht mehr denkbar ist, findet sich gegenwärtig als Muster in Social-Media-Kommentaren wieder *(vgl. bspw. B 37)*.
- Spiritueller Missbrauch lässt sich beispielhaft dort belegen, wo die Rolle auf spiritueller Ebene zur Beurteilung menschlicher Eigenschaften ausgenutzt wird *(vgl. bspw. B 38)*. Dabei können selbst die eigenen Regeln des Systems gebrochen werden, wie sogar das Beichtgeheimnis.
- Diese selbst gegebene Aufgabe und das selbst verliehene (angemaßte) „Recht" schließen nicht selten die (intendierte) Disziplinierung der Betroffenen mit ein *(vgl. bspw. B 35)*.

Kategorie IV: Missbrauch durch Fokussierung auf andere Ziele

> *„Typisch kirchlicher Machtmissbrauch beginnt dort, wo vage ‚Absprachen' auf der Vertrauensbasis Transparenz und Verbindlichkeit ersetzen."*

Die Verfolgung eigener Ziele kann mit den Zielen der Organisation leicht kaschiert werden. Das zeigen die folgenden Muster aus den Beiträgen. Dabei wird vielfach mit verschiedenem Maß gemessen.

- Hier kann das eigene persönliche Ziel des Vorgesetzten im Vordergrund stehen und dieser das kirchliche Abhängigkeitsverhältnis ausnutzen *(vgl. bspw. B 31, 47)*. Dieser demonstriert auf dieser Ebene zugleich seine Macht, die er in der Hierarchie hat.

• Möglicherweise heiligt der Zweck die Mittel, wie beispielhaft das hehre Ziel der Unauflöslichkeit der sakramentalen Ehe dazu dienen kann, restlos übergriffig nach den intimsten Punkten der Betroffenen zu fragen *(vgl. bspw. B 44)*. Oder kirchliche Vorgesetzte verfolgen konsequent ihr Menschen-, Frauen- und Führungsbild mit voller Härte gegen alle, die sich widersetzen *(vgl. bspw. B 43)*. Sie agieren dabei als Subjekt gegenüber Objekten.

• Abhängigkeitsverhältnisse auf der dienstlichen Ebene werden spirituell ausgenutzt *(vgl. bspw. B 42)*. Es spricht dabei für eine gesunde Selbstwahrnehmung, wenn sich Betroffene in ihrer eigenen Vorstellung von Kirche, wie sie sich in der Zeit der Kindheit und Jugend herausgebildet hat, von den späteren Erfahrungen im Dienst dieser Kirche nicht irritieren lassen *(vgl. bspw. B 41)*.

• Vielfach liegt diese Diskrepanz darin begründet, dass sich Vertreter des kirchlichen Amtes auf Gott (in persona Christi) berufen, selbst aber das genaue Gegenteil tun (vgl. das „Abstrafen“ einer Illoyalität dem System gegenüber, die Jahre zurückliegt; *vgl. bspw. B 32, 46*).

• Dabei wird Angst zur Ausübung willkürlicher Macht eingesetzt, wenn Hauptamtliche mit der Angst vor einem strafenden Gott agieren *(vgl. bspw. B 45)*.

• Oder die Ziele der Organisation stimmen nicht mit den Erwartungen eines Bewerbers oder einer Mitarbeiterin überein, dieser Zielkonflikt kann aber aufgrund der Gesprächskultur im System nicht (angemessen) thematisiert werden *(vgl. bspw. B 40)*. Bei offener Kommunikation wäre im vorliegenden Fallbeispiel das Ziel der Organisation nicht erfüllt worden. Denn dieses wäre nur erreichbar gewesen, hätte sich der Autor den Spielregeln des Systems bedingungslos unterworfen. Dadurch wird Machtmissbrauch aus Sicht des Systems opportun.

• Vielfach wird deutlich, wie/dass sich die Ziele der Organisation zu reinen Zielen der Selbsterhaltung verändert haben. Trotzdem beruft sich das System wiederum in seiner Verkündigung ausdrücklich natürlich nach wie vor auf das Evangelium *(vgl. bspw. B 39)*.
• Bis heute wird die Überhöhung des Klerus zelebriert und werden der Institution und dem Apparat der Macht wesentlich mehr Bedeutung gegeben als dem Inhalt und Zweck *(vgl. bspw. B 48)*. Das befördert Doppelmoral auf vielfältige Weise.
• Die moralischen Ziele der Organisation katholische Kirche werden mit Stigmatisierung und mit Isolierung der „persona non grata" erreicht *(vgl. bspw. B 4, 49)*. Das kann so weit gehen, dass Frauen zur Abtreibung gedrängt werden, um die „Heiligkeit" angehender Priester sicherzustellen. Das bedeutet im Letzten, dass die moralischen Ziele der Organisation pervertiert werden – und dies in Kauf genommen wird. Getreu dem Motto: Hauptsache, die Jungs bleiben bei der Stange (siehe Zitat im Fallbeispiel).
• Wie exemplarisch am letztzitierten Beitrag *(vgl. B 50)* zu sehen ist, vereinigt konkreter Missbrauch von Macht im kirchlichen Kontext oft alle vier Kategorien und die hier auszumachenden Muster.

Wiederkehrende Strukturen von Machtmechanismen und Machtmissbrauch lassen sich auf allen vier Ebenen – ineinander verzahnt – finden. Dabei sind nicht nur formale institutionelle Rahmenbedingungen entscheidend, sondern v. a. auch informelle Legitimationskonstruktionen für die eigenen Machtspielchen. Wo nicht geführt wird, wo Verantwortung nicht zu Konsequenzen führt, herrscht Willkür vor. Dies wiederum führt zu kollektiv internalisierten Verhaltensdispositionen bei kirchlichen Mitarbeiter*innen.

Kirchliches „Leader“-Ship? – Oder: Lasst die Hirten im Stall!

Heillose Macht ist im Angesicht der Anforderungen moderner Modelle zum Leadership ein nicht zu unterschätzendes funktionales Rollen- und organisationsbelastendes Problem. Inwiefern die bislang geschilderten Leid-Erfahrungen mit dem kirchlichen Verständnis von Leitung in Zusammenhang stehen, soll in diesem Kapitel diskutiert werden.

Im Zuge der Transformationsprozesse des Arbeitsmarktes rückt zunehmend das Thema der Unternehmenskultur und des guten Leaderships in den Fokus. Unternehmen erkennen, dass eine gute Führungskultur dem Unternehmen auch ökonomisch hilft: Die Mitarbeitenden sind innovativer, motivierter, seltener krank und bleiben dem Unternehmen länger treu. In der Kirche werden diese ökomischen Parameter nicht analysiert, da aufgrund einer inneren Selbstverpflichtung der Mitarbeitenden und einer gewissen Monopolstellung der Kirche oder auch der vermeintlichen Alternativlosigkeit Fluktuation und wirtschaftlicher Gewinn (noch) keine (große) Rolle spielen.

In den letzten Jahren ist eine Vielzahl an Fachbüchern zum Thema Leadership publiziert worden, wobei sich bei einigen Verbindungen zum Kontext Kirche aufdrängen. Auf Basis der vorliegenden Berichte und eigener Erfahrungen in der Begleitung von Betroffenen eignen sich allerdings die wenigsten dazu, auf den kirchlichen Arbeitsbereich übertragen zu werden. Und dies hat Gründe. Somit sollen zunächst drei ausgewählte, in der Literatur und in Fortbildungen wiederholt zu findende Ansätze vorgestellt und diskutiert werden, bevor eine alternative Sicht auf die Thematik Leiten und Führen vorgeschlagen wird.

Zeitgleich erschien im Jahr des Missbrauchsskandals in Deutschland das Buch „*Das Hirtenprinzip*“ (vgl. Leman/Pentack, 2010). In diesem Ansatz wird das traditionell biblische Hirtenmotiv auf den Bereich des modernen Leaderships übertragen. „Gewährleiste die Sicherheit eines Weideplatzes“, lautet beispielhaft ein Kapitel; ein anderes: „Das Herz des Hirten“ oder auch: „Dein Stab, mit dem du führst“. Die hier im vorliegenden Buch angestoßene Frage nach einer angemessenen kirchlichen Führungskultur greift dieses Prinzip bewusst nicht auf. Denn es kann nicht darum gehen, sich einem sprichwörtlichen Macht-Haber noch weiter anzunähern – es sei denn, man unterstützt dessen absolute Führung, indem man sich vom „divide et impera“ blenden lässt. Noch weniger kann es darum gehen, sich ihm gar anzugleichen, wie Führungsseminare unter dieser Perspektive bis zum heutigen Tag anraten. Angesichts dessen, was an Abgründen durch kirchliches „Führungs“-Versagen in den letzten Jahren offenkundig geworden ist, wirken z. B. die Kapitel des Buches: „Dein Stecken, mit dem du korrigierst“ und mehr noch: „Hilf deinen Schafen, sich mit dir zu identifizieren“ irritierend, vor dem Hintergrund der vielen Gespräche mit Betroffenen geradezu verstörend.

Genau das Gegenteil ist die intuitiv stimmige Antwort auf Formen heilloser Machtverstärkung: im Coaching Strategien der Distanzierung aufzubauen, ein selbstbewusstes Gegenüber – Korrektive – zu etablieren, deren Kompetenzen zu stärken und systemisch zu fördern. Das „Hirtenprinzip“ indes huldigt im Letzten einer charismatischen Führung, die den Bezug zum uneingeschränkten Herrscher nochmals verstärkt – und dies auf emotionale und spirituelle Weise. Es könnte vielleicht dort zur Anwendung kommen, wo Geistliche alle Qualitäten in sich vereinigen, die sie für die Komplexität ihrer Aufgaben auf beiden Gebieten benötigen: in Leitung und Führung, bei Geistlichem und

Organisationellem. Wie in den vorliegenden Berichten wiederholt zu sehen, begründen und legitimieren Ordination und Leitungsgewalt sich für die hierarchische Willkür gegenseitig. Mit dieser Funktionalität des Dysfunktionalen besitzen die Komponenten der kirchlichen Macht viel toxische Energie, weit in den Apparat der Macht – und in der Folge Ohnmacht – hinein. Im Kontext katholische Kirche steht und fällt die Macht bis zum heutigen Tage mit dem patriarchalisch hierarchisch-klerikalen System.

Insofern ist dem niederländischen Organisationsentwickler Rini van Solingen zuzustimmen, wenn er schreibt: „In vielen Organisationen werden Mitarbeiter geführt, als ob sie eine Herde Schafe wären. Viele Dinge werden für sie bis ins Detail entschieden – was eigentlich abwegig ist, denn diese Menschen sind äußerst fähig und intelligent" (Solingen v., 2017, S. 93) – diese Beobachtung kann anhand der Gespräche mit den Autor*innen nur bestätigt werden. Ebenso die Frustration bis hin zur inneren Kündigung, wenn über Jahre die theologische oder religionspädagogische Kompetenz nicht fachlich, sondern ontologisch bewertet und immer erst hinter der – ontologischen, nicht fachlichen – des leitenden Klerikers gemessen wird.

Van Solingen hat aus seinen Beobachtungen das *„Bienenhirten-Prinzip"* für die moderne Führung von Menschen und Teams entwickelt. Es setzt an der (nicht) schlichten Erkenntnis an, dass Schafe grundsätzlich anders zu führen sind als Bienen, und entwirft dies anhand der Erzählung eines Mannes, der aufgrund der Umstände vom Schäfer zum Imker wird. Mit dem Ergebnis, dass er nahezu alles, was er zuvor – durchaus erfolgreich – mit seinen Vierbeinern angestellt hatte, überdenken musste. Während Schafe eine enge Führung nötig haben, sind Bienen genau genommen gar nicht zu führen. Sie sind das Musterbeispiel selbstorganisierter Teams. Der Imker – im Managementansatz „Bienenhirte“ – muss ihnen das zur Verfügung stellen, was sie für eine erfolgreiche Teamarbeit brauchen. Dazu hat er vor allem eines: aufmerksam zuzuhören und sich selbst und seine Wahrnehmung ständig zu korrigieren. Viele Assoziationen dieser Metapher sind wunderbar auf modernes Leadership übertragbar: Dass Bienen ebenso wie Menschen von sich aus Erfolg haben wollen, insofern arbeiten wollen, und nicht angetrieben werden müssen. Bellende Hunde machen Bienen nur aggressiv, weshalb ein Imker auch schon einmal gestochen werden kann. Doch das gehört zu seinem Job, darüber sollte er sich nicht beschweren oder seine Bienen gar als schlecht oder undankbar beschimpfen. Ebenso, dass sich Bienen ihre Königin selber „wählen“, dabei hat der Imker ebenso wenig mitzureden wie bei den Aufgaben der Arbeiterbienen. Wofür er aber zuständig und verantwortlich ist, ist beispielhaft die Wahl der Kästen für den Honig und der richtige Zeitpunkt zur Entnahme. Macht er hier Fehler, kann es passieren, dass ein ganzes Volk über Nacht verschwunden ist und sich einen neuen Ort sucht.

Der Unterschied zum zuvor angeführten Ansatz könnte deutlicher nicht sein: Steht beim ersten der „Hirte“ im Zentrum, sind es beim zweiten die, ohne die eine Organisation nicht arbeitsfähig wäre: die Mitarbeiter*innen. Führungsansätze, die sich am „Hirten“ orientieren, gehen davon aus, dass er es ist, der den Überblick hat – und folglich auch die richtigen Antworten auf Fragestellungen und Herausforderungen. Modelle hingegen, die sich an der Kompetenz selbstorganisierter Einheiten ausrichten, setzen auf Lösungen, die möglichst viele Beteiligte berücksichtigen und bereits dadurch bei allen die Motivation zur weiteren Mitarbeit erhalten. Sie benötigen ein Verständnis von Chef-Sein, das kein Problem mit einer fragenden Führung hat, sondern die Integration der Meinung vieler als selbstverständlich begreift und verinnerlicht hat. Dass dies funktionieren kann, setzt die Reflexion des eigenen Leaderships voraus, und zwar neben der Reflexion des – kulturell sozialisierten und kodierten – „top“ und „down“ die Auseinandersetzung damit, wie eine Organisation zu den Aspekten Ordnung und Struktur steht. Denn beides steht oft in einem tieferen inneren Zusammenhang.

Auch wenn im „Bienenhirten“-Modell eine deutliche qualitative Steigerung im Hinblick auf Partizipation und Führungshaltung festgestellt werden kann: Dem alten, offenbar zeitlosen Hirten-Topos konnte auch van Solingen nicht entgehen. Und damit tappt auch dieser Ansatz in die ontologische Falle. Denn Bienen und Hirten sind, genauso wie Schafe und Hirten, eben nicht dieselben Tiere. Dabei schrieb und entwarf der Autor des „Bienenhirten“ diesen Ansatz ganz unabhängig vom kirchlichen Kontext.

Ein weiter ausbaubarer Ansatz kann im *„Servant Leadership“* (vgl. Arens/Ende v., 2021) gesehen werden, dem Verständnis einer „dienenden Führungskultur“. Wäre kirchliches Führungshandeln gemäß dem Modell eines Jesus von Nazareth mustergültig, hätte es gewissermaßen von Seiten der Kirche entwickelt werden können. Denn kirchlicher Dienst trägt im Grunde dieses Verständnis im Namen. Und kirchliches Amt ist vor allem eines – bzw. sollte es sein: Dienstamt. Allerdings kann der Ansatz, in Jesus Christus ein Modell des Servant Leaderships zu sehen, nur dann funktionieren, wenn geistliche Leitung von organisationaler Leitung getrennt betrachtet – und von kirchlichen Führungskräften reflektiert – wird. In beiden Bereichen besitzt der Geistliche eine besondere Macht, die ihm von seinem Bischof übertragen worden ist. Vordergründig indes ist in der klassischen und bis heute konzipierten Priesterausbildung der geistliche Aspekt, nicht das Leiten einer Organisation. Folglich werden auch Menschen zu Bischöfen, die nie führen gelernt haben (vgl. Kategorie I im Kap. Analyse). Und die aus ihrem priesterlichen Selbstverständnis heraus unter Umständen auch gar nicht führen wollen (vgl. Kategorie II im Kap. Analyse). Denn allein die formale Übertragung einer Vollmacht befähigt noch nicht zu einer entsprechenden Führungskompetenz. Hinzu kommt der Aspekt der Selbstführung, ohne den eine gute Führung anderer Menschen nicht möglich ist (vgl. Hanstein, 2021; Hanstein/Schönheit, 2022) – und der auf dysfunktionale Weise zur Priorisierung eigener Ziele führen kann (vgl. Kategorie IV im Kap. Analyse).

Dabei zeigt sich eine (weitere) Parallele zur Thematik der sexualisierten Gewalt im Kontext Kirche: Woran die sogenannte Aufarbeitung bis heute schwächelt, ist die letzte Konsequenz nicht eingelöster Führung entlang dieser vier Kategorien: Verantwortung! Wer eine gestellte und ihm/ihr übertragene Aufgabe nicht erfüllt und wer an den Zielen der Organisation vorbeiarbeitet, muss die Konsequenz dafür tragen. Verantwortung als Konsequenz von Führung ist insofern kein philosophisches Prinzip. Sie ist vor allem eines: konkret. Weil aber die Kirche Moral und Ethik jahrhundertelang zu ihrem Markenkern erklärt hat, ist dieser durch die jahrelange Unfähigkeit und den Unwillen zum angemessenen Handeln und Führen in der Krise (auf der obersten Ebene) folglich mitzerstört worden. Und auch hier wiederholt sich dieses Prinzip: fehlende Verantwortung und die Suche nach Verantwortlichkeit.

Diese Beobachtung (und Parallele zur körperlichen und spirituellen Übergriffigkeit) macht deutlich, dass jede Form von Leadership, die sich als Training versteht und Seminare und Coachings im Kontext Kirche anbietet, nur Arbeit und Tools an der äußeren Ebene wären. Es sollte daher im kirchlichen Kontext nicht um die Optimierung von Managementtechniken gehen. Sie würden letztlich die PR der

Organisation Kirche bedienen, aber nicht in den Kern ihrer Werte vordingen.

Der Kulturanthropologe Gerd Hofstede (vgl. Hofstede, 2011) fragt nach Werten, die Kulturen im Letzten tragen. In seinem „*Zwiebelmodell*“ hat er anschaulich visualisiert, wie eine Kultur ihre Werte formt und weitergibt: Im Innersten der „Zwiebel“, in ihrem Kern, befinden sich die letztgültigen Werte, die kollektiv prägend sind und ihren Zusammenhalt sichern. Die nächsten Schichten der kulturellen Rituale, Helden, Symbole und kulturellen Praktiken vermitteln diese Werte und machen sie sowohl für die Mitglieder einer Kultur wie auch für Außenstehende erfahrbar. Wie in vielen anderen Kulturen auch, erlernen die Mitglieder der katholischen Kirche die Wertevorstellungen im „Zwiebelkern“ bereits von frühester Kindheit an: Rituale in der Liturgie vermitteln nicht nur ein Gefühl zwischen Welt und Transzendenz, sondern ebenso, welchen Stellenwert Mann und Frau haben und wo sie ihren jeweiligen Ort einnehmen. Diese Erfahrungen werden – insbesondere in früheren Generationen – in aller Regel nicht reflektiert. Ebenso verdeutlichen Helden, wie bestimmte Geistliche, die sich für Verfolgte während Gewaltherrschaften eingesetzt und dafür mit ihrem Leben bezahlt haben, die Werte im Innersten der Kultur – in diesem Fall, dass der Einsatz für das Leben und den Wert des Menschen mehr wiegt als das eigene Leben. Auf den Ebenen der Symbole und der Praktiken ließe sich diese Reihe weiter beliebig fortsetzen. Moderne Ansätze kirchlichen Leaderships lassen sich insofern nur dann weiterentwickeln, wenn sich die Organisation selbstkritisch mit den eigenen Werten auseinandersetzt, sie reflektiert und auch hinterfragt. Am Beispiel des Umgangs kirchlicher Verantwortlicher mit Straftaten, die im Kontext sexualisierter Gewalt von ihnen bekannten Mitarbeitern begangen wurden, lässt sich das „Zwiebelmodell" als Folie gelebter Werte gut anwenden: Deutlich wird dabei, dass die Letztverantwortlichen die eigenen, buchstäblich „heiligen" Werte der Organisation nicht nur nicht beachtet und nicht angewandt, sondern ins genaue Gegenteil verkehrt haben. Wie es bis heute immer dann und überall dort der Fall ist, wo ein Bischof oder die Gemeinschaft der Bischöfe einmal mehr aus Druck anstatt aus Einsicht handelt, bzw. sprachlich konkreter: sich verhält anstatt zu handeln. Und wo sie gegen die eigenen Werte verstoßen, einmal ganz abgesehen vom Verstoß gegen die Persönlichkeits- und Menschenrechte der Betroffenen. Auf dieser Ebene weitergedacht: Es sind negative „Helden" entstanden; gute, wichtige, bewährte Praktiken mit einer tiefen Symbolsprache sind persifliert, ja missbraucht worden.

In der Analyse ergeben sich folglich zwei Möglichkeiten: Entweder es sind genau dieses die wirklichen Werte, welche die Kirche im Letzten tragen, stützen und ihren Bestand seit 2000 Jahren sichern. Oder die Bischöfe haben diese Werte im „Zwiebelkern" verraten, obgleich sie sie durch ihr Schweigen und Vertuschen retten wollten. Lediglich im zweiten Fall würde sich die Reflexion zugunsten eines Übertrags auf das Thema Leadership lohnen; in der Erwartung, hier auf Zukunft hin nicht dieselben Kapitalfehler zu begehen. Dieser Ansatz würde allerdings voraussetzen, sich als lernender Organisation den innersten – ggf. aktuell mit anderen Zielen überlagerten – Wertekern immer wieder vor Augen zu führen, ihn infrage zu stellen, ggf. neu zu definieren und veränderten Bedingungen anzupassen. An dieser Voraussetzung scheitert die katholische Kirche bis dato.

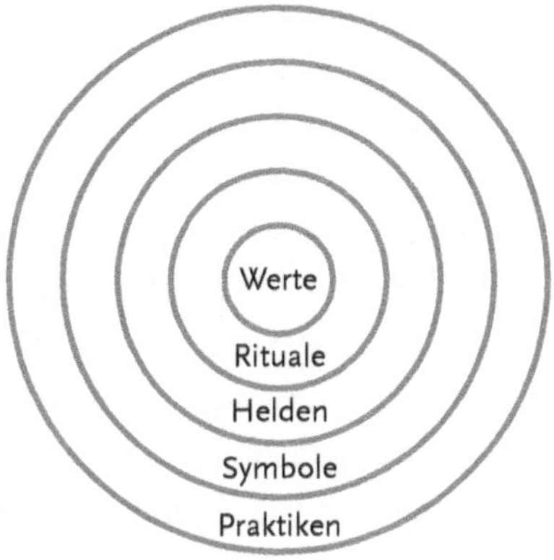

Abb.: Zwiebelmodell nach Hofstede

Klaus Schweinsberg hat in seinem Buch „*Anständig führen*“ (vgl. Schweinsberg, 2014) die Notwendigkeit der Reflexion des Führungsverhaltens in Unternehmen aufgezeigt. Die mit der sogenannten VUCA-Welt (das Akronym VUCA steht für Volatility, Uncertainty, Complexity und Ambiguity) eingesetzten Veränderungen und Transformationen auf dem Arbeitsmarkt erfordern nach Schweinsberg acht Führungstugenden: (klare) Absichten, (spürbare) Authentizität, (professionelle) Agilität, (kompromisslose) Aufrichtigkeit, eine (konzentrierte) Achtsamkeit, (breite) Aufmerksamkeit, (echte) Ambition und eine (gesunde) Ausdauer. Für den Autor sind diese Führungstugenden nicht milieuabhängig, sondern gelten grundsätzlich – folglich auch für den Arbeitsgeber Kirche. Allerdings steht bei der Kirche vieles unter anderen Vorzeichen. Denn bei Klerikern ist die Kompetenz zur Führung mit der Vollmacht zur geistlichen Leitung quasi „verbacken“.

Auf der Basis der Beobachtungen in den vorliegenden Fallbeispielen kann folglich nur davor gewarnt werden, Führungsansätze aus der freien Wirtschaft zum Maßstab von kirchlichen Seminaren und Coachings zu nehmen – wie es vielfach intendiert wird. Alle diese Modelle gehen von einem (mehr oder weniger) demokratischeren Referenzrahmen aus, als ihn die katholische Kirche bietet. Folglich wäre zunächst eine Reflexion auf der Werte-Ebene nötig. Auch wenn ein Großteil der vorliegenden Fallbeispiele zunächst hauptsächlich der Kategorie „Machtmissbrauch als Unfähigkeit zur Gestaltung“ zugeordnet worden ist, legt dies *nicht* den Schluss nahe, Führung im kirchlichen Kontext durch zeitgemäße Führungsmodelle und -tools erlernen zu können. Auch die Reflexion der eigenen Führungsrolle trägt nur wenig zur Auflösung heilloser Machtfaktoren im kirchlichen Dienst bei. Anstatt der funktionellen ist es nämlich die ontologische „Andersartigkeit“, die vielfach Unheil anrichtet. Diese kann verliehen (durch Ordination) oder geliehen (durch Aneignung erlebter klerikaler Modelle) sein.

Erst zeitlich nachlagert bieten sich – unter dem bleibenden Vorbehalt der absolutistisch-klerikalen Andersartigkeit – auszugweise Ansätze an. Für diese Reflexion kann im Anschluss an die Frage nach offiziellen und inoffiziellen Werten beispielhaft der oben genannte Ansatz von Klaus Schweinsberg herangezogen werden:

- *Inwieweit sind die Absichten der kirchlichen Führungskräfte klar?*

Dies müsste sich v. a. auch in einer hinreichenden Transparenz in den Zielen (vgl. Analyseebene IV) zu erkennen geben.

- *Inwiefern ist das, was kirchliche Verantwortliche tun, spürbar authentisch?*

Viele Beispiele zeugen vom genauen Gegenteil. Das Erleben fehlender Authentizität macht die Kirche immer weniger attraktiv.

- *Handeln kirchliche Führungskräfte professionell agil?*

Agilität ist (nicht nur sprachlich) kein Begriff im kirchlichen Kontext. Vielmehr verharrt der Apparat der Macht in Erstarrung. Derzeit gibt es keinerlei Veränderungen, die nicht durch Dynamiken von „unten" initiiert und provoziert worden sind.

- *Inwiefern handeln kirchliche Führungskräfte mit einer (kompromisslosen) Aufrichtigkeit?*

Auch hier muss das exakte Gegenteil festgestellt werden. Doppelbödigkeit und Doppelmoral prägen den kirchlichen Führungsstil.

- *Leben kirchliche Verantwortliche eine (konzentrierte) Achtsamkeit?*

Die Achtsamkeit richtet sich vor allem auf das System und seine Erhaltung anstatt auf dessen Missstände und ihre Bereinigung.

- *Inwiefern beherrschen kirchliche Führungskräfte eine (breite) Aufmerksamkeit?*

Die Antwort fällt analog zur Frage nach den Absichten und der Achtsamkeit aus: Die Aufmerksamkeit ist oft sehr eingeschränkt und lässt sich von „weltlichen Belangen" nicht ablenken.

- *Haben kirchliche Führungskräfte eine (echte) Ambition verinnerlicht?*

Die Ambitionen sind, wie die vorliegenden Fallbeispiele zeigen, vielfältig ambivalent (vgl. alle Analyseebenen I–IV).

- *Auf welchen Ebenen herrscht eine (gesunde) Ausdauer vor?*

Ausdauer lässt sich auch auf der Ebene des Missbrauchs von Macht entfalten, und dies auf vielfältige, krankmachende Art und Weise.

Führung muss man wollen, können und dürfen. Vor dem Spiegel moderner Führungsansätze besteht das Drama des Katholizismus darin, dass mit der Ordination eine Kompetenz auf allen drei Ebenen zugesprochen wird. Ein heilsamer Ansatz würde das Führendürfen abhängig machen vom Führenwollen und Führenkönnen. Mit anderen Worten: die Ordination wieder mehr auf die liturgische und seelsorgliche Kompetenz der Kleriker zu fokussieren. Dieser Ansatz schließt eine andere Führungskompetenz ein: die Fähigkeit und das Wollen zur Delegation. Im Moment gibt es noch etliche hochqualifizierte Mitarbeitende – v. a. auch ehrenamtliche – in den Kirchengemeinden, die über Fähigkeiten, Fertigkeiten und v. a. Berufserfahrung verfügen, die kein Pfarrer in seiner Ausbildung gelernt hat. Diese Menschen und ihre Kompetenzen in den vielfältigen Bereichen und auf den verschiedenen Ebenen kirchlichen Lebens einzubinden und mit Verantwortung auszustatten, würde bereits viel Führungsunwille, Führungsunfähigkeit und letztlich Missbrauch von Macht zu anderen Zwecken beseitigen. Und damit auch Überforderung, die in vielen Beispielen als Katalysator von Machtmissbrauch festzustellen war.

Ein Grundbedürfnis des Menschen besteht darin, sich einbringen und seine Begabungen – „Charismen“ – an dem Ort, den er als passend erkannt hat, entfalten zu wollen. Aus diesem positiven Menschenbild lässt sich ein potenzial- und ressourcenorientierter Ansatz von Führung ableiten, der eine maximale Freiheit für Prozesse wie für die eigene personale Entwicklung lässt (vgl. Hanstein/Schönheit, 2022). Im Gegensatz zu einer defizitorientierten Führung, die das als defizitär erklärt, was nicht zur Ansicht des Herrschenden passt, oder die gezielt sprachlich unpräzise bleibt (weitere Beispiele, die sich durch die aktuellen Berichte bestätigen, vgl. Hanstein, 2017; ebd., 2019), zeichnet sich eine personal- und ressourcenorientierte Personalentwicklung durch den Fokus auf den „Faktor Mensch“ aus. Nicht „ich“ (Ego!) als Chef weiß am besten, wo Mitarbeitende sich bestmöglich entwickeln können. Sondern die Führungskraft schafft den nötigen (Frei-)Raum, dass sie es erkennen und stimmig benennen können. Das Vertrauen, das so in Mitarbeiter*innen investiert wird, kommt dann um ein Vielfaches zurück. Einschränkung und Kontrolle indes bewirken das Gegenteil.

Wenn eine Organisation den Wert für sich erkannt hat, an den Potenzialen und Ressourcen der Mitarbeitenden anzusetzen, wird sie letztlich in die Lage versetzt, aus der eigenen, lähmenden, im Letzten tödlichen Selbstreferenzialität (vgl. Arnold, 2012) herauszufinden – vorausgesetzt, dass sie das auch will. Wo allerdings die „ärgerliche Tatsache der systemischen Geschlossenheit" (ebd., S. 33–34) herrscht und damit das dichotome Denken in Richtig/Falsch sowie Gut/Böse einen der tiefsten Werte des „Zwiebelkerns" bildet, regiert ein defizitorientiertes Menschenbild, das mehr Qualitäten ab- als zuspricht: keine Ordination, weil keine Frau; keine wirkliche Führungskompetenz, weil keine apostolische Sukzession. Alles, was als „Tradition" nur eine salbungsvolle, wertkonservative Worthülse darstellt, befördert ein Welt- und Menschenbild, das immer auch die Übergriffigkeit gegenüber den Persönlichkeits- und Menschenrechten anderer rechtfertigt.

Eine Kirche, die den aktuellen Totpunkt als Ausgangspunkt eines Transformationsprozesses über Werte und erst dann Führungskultur annehmen könnte, hätte als System derzeit in Deutschland hinreichend emsige „Bienen", die zur selbstorganisierten Mitarbeit noch bereit wären. Nicht das, was der Herrscher aber zu sehen meint und für gut befindet, ist dann entscheidend. Sondern das bestmögliche Ergebnis wird in einem austarierten Prozess aller Beteiligten anvisiert. Statt Rang und Macht siegt dann das beste Argument. Was als Vision aber eines voraussetzt: zugunsten selbstorganisierter Prozesse und Synodalität auf den Primat der Ontologie als einer Leitungsvollmacht, die sich rein in der Ordination begründet, zu verzichten. Solange dies nicht in letzter Konsequenz erfolgt, herrschen auch heute und morgen weiterhin heillose Strukturen, Macht und Angst im kirchlichen Dienst.

Keine Einzelfälle – Schlusswort der Herausgeber*in

In diesem Buch haben 50 Menschen das ausgeschrieben, was sie – neben vielen anderen bedenkenswerten Begebenheiten im kirchlichen Milieu und Dienst – am meisten nachhaltig belastet, ihr Verhältnis zur Kirche erschwert und ihnen seelische Wunden zugefügt hat. Dies auf die jeweiligen Umstände zu projizieren, würde der Verantwortungsebene nicht gerecht werden, die hinter jeder einzelnen Übergriffigkeit und unheilvollen Machterfahrung liegt: die jeweils personale Verantwortung kirchlicher Vorgesetzter, in den meisten Fällen von teilweise einflussreichen Klerikern. Eine Verantwortung an Fürsorge, Anstand, Ehrlichkeit und Selbstreflexion der eigenen Unzulänglichkeiten, die in jedem beschriebenen Fall bis heute nicht eingelöst ist. Sie umzusetzen, würde nicht nur Einsicht und letztlich Reue voraussetzen, sondern eine grundständig andere Haltung in der Menschenführung und damit praktisch im Umgang mit Unterstellten und Untergebenen. Wie im Kapitel Analyse differenziert, lassen sich manche Fallbeispiele nur mit einer etliche Jahrzehnte währenden Rückständigkeit der katholischen Kirche gegenüber der Gesellschaft und freien Wirtschaft erklären. Rekurse auf das christliche Menschenbild helfen dieser Diskrepanz ebenso wenig ab wie ein Rausch von Moderne, wie zuletzt auf dem Katholikentag zelebriert. Denn Glaube, Hoffnung und Liebe wollen nicht nur gepredigt, sie müssen letztlich erfahren werden.

Die Erfahrung vieler kirchlicher Mitarbeiter*innen, kirchlich Sozialisierter und Ordensangehöriger indes sieht anders aus. Sie tragen eine Last mit sich herum, die sie nicht in den Dienst mit hineingebracht haben, sondern die ihnen dort aufgebürdet wurde. Und zwar nicht durch Erfahrungen in der Seelsorge oder Herausforderungen in der praktischen Theologie, nicht durch schicksalhafte Umstände oder Zufall, sondern aufgebürdet durch Menschen, die damit gezielt ihre Macht und Stellung ausgenutzt und missbraucht haben und dafür den entsprechenden Rückhalt des Systems und konkreter Vorgesetzter hatten. Das Gefährliche solcher Dynamiken im kirchlichen Kontext ist, dass die Leiderfahrungen spirituell überhöht werden. Betroffene schilderten in Begleitungen immer wieder von Worten wie z. B. „sein Kreuz annehmen und tragen", „sich nicht so wichtig nehmen", „den Geist des Pastoralteams beherzigen", „Demut zeigen und sich einfügen", dem „eigenen Willen entsagen". Dies insbesondere dann, wenn sie sich trauten, ihre Erlebnisse und das, was sie in ihnen bewirkt haben, gegenüber Vorgesetzten ins Wort zu bringen. Anstelle organisationaler Leitung und dialogischer Führung rutscht hier das Verhältnis oft ins Spirituelle ab. Was nicht bedeutet, dass man sich nicht zu schade ist, das im seelsorglich angelegten Gespräch Erfahrene auf der Ebene der Mitarbeiterführung für die Disziplinierung der Mitarbeitenden nutzbar zu machen. Unheilvolle Macht hat eben System im System.

Das Systematische daran und zugleich das Perfide und Menschenverachtende zu entlarven, ist an der Zeit. Also: Trotzdem! (Vgl. Florin, 2020) Die hier versammelten 50 Stimmen können als Symbol für die Spitze des Eisberges stehen. Dessen wirkliche Größe ist gerade in den letzten Jahren mehr und mehr deutlich geworden: Mit jeder einzelnen Petition, jedem neu erschienenen Buch, jeder Vernetzung Betroffener, dem Aufschrei wider eine Kirche der Angst, den Bannern und Fahnen gegen Diskriminierung jeder Art. Nach einem Jahrzehnt heilloser Versuche der Aufarbeitung dessen, was an Missbrauch von Macht im Kontext sexualisierter Gewalt sichtbar geworden ist, an Skandalen in Palais und Ordinariaten, an kaum mehr zählbaren Millionen für Gutachten, nach einem Jahrzehnt einer epochalen anhaltenden Identitätskrise der katholischen Kirche, sind viele Menschen in dieser nicht mehr bereit, sich ihre eigene Identität nehmen, ja rauben zu lassen. Und so erleben wir gleichzeitig zur moralischen Sklerose eines Systems, das sich mit Einfluss und viel Geld noch zusammenhält, eine neue Dimension einer Macht, die sich nicht mehr aufhalten lässt. Ein weiteres Beispiel dieser Selbstermächtigung gegen die amtlich-klerikale Arroganz der Macht ist dieses Buch.

Selbstermächtigung fällt nicht vom Himmel, sie wird – Gott sei Dank – auch nicht bischöflich beauftragt. Vielmehr zeigen sich darin urmenschliche Potenziale und Ressourcen, mit denen die Menschen im Übrigen auch ihre Kirche gestalten wollten, die ihnen aber nicht „gegönnt" wurden. Jede und jeder musste damit auch seine persönliche Krise durchleben. Eine Krise, die nicht selten mit dem Anlauf zum Beitrag wieder aufbrach. So schrieb beispielhaft eine Autorin: „Es ist alles immer noch sehr belastend, aber doch auch nötig, das auszusprechen." Diese inneren Prozesse in der Entstehung dieses Sammelbandes mit zu begleiten, hat uns die Intensität und Nachhaltigkeit der geschilderten Fälle anschaulich vor Augen geführt. Was uns die Autor*innen über ihre Texte hinaus erzählten, hat uns jedes Mal aufs Neue fassungslos und bestürzt gemacht. Mindestens so stark gerührt hat uns dann aber der Mut, mit dem jede und jeder Einzelne für sich das Ja zu diesem Projekt gesagt hat. Denn nur Zeugnisse wie diese können das Mantra von den Einzelfällen widerlegen. Nein, es sind viele. Und es sind viele, die sich mit diesem Buch und weit über dieses hinaus zusammengeschlossen haben, sich austauschen und das, was ihnen zusetzt, teilen wollen.

Für uns als Herausgeber*in war es ein besonderes Erlebnis, diese Dynamik mitzuerleben: einzelne Menschen an unterschiedlichen Orten ließen sich auf einen erstmal individuellen inneren Prozess ein und begannen das, was sie an Übergriffigkeit, Willkür und kirchlichen Spielen der Macht erlebt und erlitten hatten, ins Wort zu bringen. Dieser Prozess verlief bei den wenigsten linear, das Auf- und Ausgeschriebene wurde in vielen einzelnen Telefonaten besprochen, wobei uns viele einzelne Gespräche immer wieder aufs Neue erschüttert haben. Die deutliche Mehrheit entschloss sich schließlich dazu, ihre Texte zu anonymisieren. Was auch bedeutete, dass eine Vernetzung der Autor*innen bis zu diesem Zeitpunkt noch nicht möglich war, wenngleich in etlichen Gesprächen gewünscht. Die Genese des Buches und der Schreib- und Begleitungsprozess vieler Autor*innen spiegelt somit auch die heillose Situation der katholischen Kirche: Die eigenen Mitarbeiter*innen trauen dem aktuellen Frieden – und auch den nach #OutInChurch erlassenen Lippenbekenntnissen nicht. Sie wissen um die jederzeit mögliche Willkür dieses Systems und seiner Akteure. Insofern müssen sie sich bei aller Courage zu diesem Buch nach wie vor bedeckt halten. Das darin ausgedrückte Signal ist ein kollektiver Aufschrei in Richtung der Bischöfe: Wenn eine Organisation, die zu ihren sozialen Prinzipien die Personalität zählt, Menschen so geringachtet, demütigt und damit in ihrem Menschsein entwürdigt, dass sie deren subjektive Wirklichkeit stets hinter die Regeln des Systems stellt, dann macht sie die Menschen namenlos. Dann degradiert sie die zu Erfüllungsgehilfen hohler Phrasen, die mit ihrem Herzblut einen Dienst angetreten haben, der nur vom Innersten einer Person aus gelebt und ausgefüllt werden kann. Denn dann lautet die Botschaft: Wir wollen euch nicht als beim Namen Genannte, wir wollen euch so, wie wir es für richtig halten. Wir, die wir im Vollbesitz der Wahrheit sind. Hiergegen gibt es nur ein Mittel: klerikale Macht strukturell einzugrenzen!

Diese „Wahrheit", die entsteht, wenn eine Organisation Werte vorgibt, die sie im Innersten nicht lebt, wird den Kirchenoberen hiermit vor Augen geführt. Nicht die Angst spricht aus der Anonymität, sondern sie ist eine Bestätigung dessen, was systemisch an Sanktionierung möglich ist. Was die kirchlichen Mitarbeitenden auch wissen und kennenlernen mussten, ist der Umstand, dass in den allerwenigsten Fällen eine direkte Auseinandersetzung mit dem, was als „ungebührend" von Seiten der Bischöfe und Verantwortlichen in den Ordinariaten empfunden wird, thematisiert werden würde. Denn in einer Kultur, in der Intransparenz nachvollziehbare Abläufe ersetzt, wo Konflikte nicht als Anlass und Chance zur Klärung, sondern als Bedrohung von Herrschaft und Ausdruck der Illoyalität angesehen werden, in einer Behörde, in der die Direktive des Oberen alle Kompetenzen der Mitarbeitenden mit einem Federstreich beiseite wischt, bleibt Willkür als letzter Ausdruck heilloser Macht und als potenzielle Reaktion auf unliebsame Aktionen bestehen. Insofern ist der Schutz hinter der anonymen Masse keine Aussage über die Autor*innen, sondern über das System katholische Kirche und dessen Spielregeln im Umgang mit Delinquenten. Schutz ist also nicht Ausdruck von Furcht, sondern systemische Klugheit. Dass es diesen Schutz nach wie vor – im Jahr 2022! – noch braucht, ist ein Armutszeugnis, wenn nicht sogar eine Bankrotterklärung dieser Organisation. Deren Leitungsebene wäre diejenige Ebene, die den „Ball" aufgreifen müsste. Sie müsste mit einer rechtsverbindlichen Zusage sicherstellen, dass weder direkte noch indirekte Sanktionen gegenüber Mitarbeitenden ergehen werden, die durch das Aussprechen ihrer Erfahrungen zu einer veränderten Kultur beitragen wollen. Solange dies ausbleibt, wird man ihnen nicht glauben, was heißt: im Letzten nicht vertrauen. Wenn die Sanktionen sogar noch nach Jahren und dann aus heiterem Himmel kommen, ist die Wirkung verheerend. Was das für den Aspekt der Bindung und der Identifikation innerhalb einer großen Organisation bedeutet, liegt auf der Hand.

Parallel zum individuellen Klärungs-, Schreib- und Begleitungsprozess begann ein Networking einzelner Beteiligter. Erst nachdem das Manuskript fertiggestellt war, intensivierte sich auch diese Ebene. Wir ließen uns von den Autor*innen zur Weitergabe ihrer Adressen autorisieren und nach und nach beteiligten sich mehr und mehr am Kennenlernen. In diesem Schritt heraus aus der Anonymität besteht ein weiterer wesentlicher Aspekt dessen, was wir hier Selbstermächtigung nennen: Es hat ebenfalls System, dass Menschen durch Erlebtes, wie vorliegend beschrieben, in die Vereinsamung gedrängt werden. Sie berichten nur maximal ihren engsten Vertrauten von der unfassbaren Übergriffigkeit ihres Vorgesetzten, von den zutiefst verletzenden Worten eines Chefs …, behalten es im Wesentlichen aber für sich, sind mit ihrem Schmerz allein und dabei ständig hin- und hergerissen zwischen erlebtem Unrecht und einer Verkündigung, die möglichst das Wort verdienen sollte, froh zu sein. Das Erlebte und das, was es in und mit einem „gemacht“ hat, nicht mehr weiter „hinter vorgehaltener Hand“ verbergen zu müssen, sondern in einem Kreis von Menschen mit ähnlicher Erfahrung auszusprechen, ist ein erster bestärkender Moment. Dadurch zu erfahren, dass man damit nicht allein war, sondern dass die Vereinsamung nur Teil des Spiels war und die Macht derer erhalten hat, die sie schamlos ausgenutzt haben, ist der nächste, wichtige Schritt, aus dieser Spirale des Schweigens und Aushaltens herauszufinden. Als Herausgeber*in freuen wir uns, dass wir für diesen äußeren Prozess einen Rahmen bieten konnten.

Mit dem Erscheinen des Sammelbandes hat dieser Prozess im Grunde erst begonnen. Sowohl eine Vernetzung ist weiter angedacht und von etlichen Autor*innen gewünscht, wie auch weitere Texte, die wir in einem späteren Digitalanhang publizieren möchten. Mit Pfingsten dieses Jahres mussten wir aus drucktechnischen Gründen leider die Deadline für die Einsendung weiterer Beiträge setzen. Über den Herbst 2022 hinaus können Artikel, in denen Menschen ihre Erfahrungen mit heilloser Macht innerhalb des kirchlichen Dienstes – wie der Kirche generell – narrativ ausdrücken wollen, an folgende E-Mail-Adresse eingereicht werden:

heillose.macht@gmx.de

Betreff: Mein Beitrag für den Digitalanhang zu „Heillose Macht!"

Es erfüllt uns mit großer Dankbarkeit, dass uns die Autor*innen ihre Geschichten buchstäblich anvertraut haben. Gerade weil mit jedem einzelnen Erlebnis mit heilloser Macht ja vor allem und an erster Stelle auch genau dieses verletzt worden ist: ihr Vertrauen – in das System und in Macht-Haber dieses Systems. Ganz herzlich danken wir auch Frau Dr. Barbara Hendricks für ihre deutlichen und, insbesondere für die Autor*innen, ermutigenden Worte im Vorwort und Herrn Clemens Carl für seine engagierte und umsichtige Begleitung aller Texte durch das Lektorat.

Literatur

Anuth, B. S. (2017): *Gottes Plan für Mann und Frau*. In: Eckholt, M. (Hg.): Gender studieren – Lernprozess für Theologie und Kirche. Ostfildern, S. 171–188.

Arens, H. J.; Ende v., M. (Hg.) (2021): *Führen durch Dienen*. Perspektiven, Reflexionen und Erfahrungen zur Praxis von Servant Leadership. Berlin.

Arnold, R. (2012): *Ich lerne, also bin ich. Eine systemisch-konstruktivistische Didaktik* (2. Aufl.). Heidelberg.

Eckholt, M.; Rahner, J. (2021): *Christusrepräsentanz*. Zur aktuellen Debatte um die Zulassung von Frauen zum priesterlichen Amt. Freiburg.

Florin, C. (2020): *Trotzdem!* Wie ich versuche, katholisch zu bleiben. München.

Hanstein, Th. (2017): *Coaching in der Seelsorge*. Ein methodischer Ansatz zur Perspektivenerweiterung im kirchlich-katholischen Milieu. Marburg.

Hanstein, Th. (2019): *Von Hirten und Schafen*. Missbrauch in der katholischen Kirche – Ein Seelsorger sagt Stopp. Baden-Baden.

Hanstein, Th. (2021): *Selbstmanagement – mit Coachingtools*. Ressourcen erkennen, nutzen und pflegen. Aktualisiert mit Tools zum Natur- und Hybridcoaching (2. Aufl.). Baden-Baden.

Hanstein, Th.; Schönheit, P. (2022): *Outplacement-Beratung im Coaching*. Ein Modell für potenzial- und ressourcenorientierte Personalentwicklung, in: Coaching Magazin, 3/2022 [im Erscheinen].

Hofstede, G.; Hofstede, G. J. (2011): *Lokales Denken, globales Handeln*. Interkulturelle Zusammenarbeit und globales Management (5. Aufl.). München.

Jansen, Th. (2018): *Was ist Klerikalismus?* Im Gespräch mit Rainer Bucher. In: https://www.katholisch.de/artikel/18833-was-ist-klerikalismus (Zugriff: 17.06.2022).

Leman, K.; Pentack, W. (2010): *Das Hirtenprinzip*. 7 Erfolgsrezepte guter Menschenführung. München.

Reisinger, D. (Hg.) (2021): *Gefährliche Theologien*. Wenn theologische Ansätze Machtmissbrauch legitimieren. Regensburg.

Sautermeister, J.; Odenthal, A. (Hg.) (2021): *Ohnmacht. Macht. Missbrauch*. Theologische Analysen eines systemischen Problems. Freiburg.

Schweinsberg, K. (2014): *Anständig führen.* Acht Erfolgstugenden in Zeiten der Ungewissheit. Freiburg.

Solingen v., R. (2017): *Der Bienenhirte.* Über das Führen von selbstorganisierten Teams. Heidelberg.

Heimerl, Th. (2015): *Andere Wesen.* Frauen in der Kirche. Wien.

Wolf, H. (2020): *Der Unfehlbare.* Pius IX. und die Erfindung des Katholizismus im 19. Jahrhundert. München.

Die Autor*innen

Manfred Becher, *1958, Dipl. Soz. Päd., verheiratet, 3 Kinder, 4 Enkel, Diakon, langjährige Tätigkeit als Geschäftsführer in Wohlfahrtsverbänden

Edgar Büttner, *1952, Dr. phil., Dipl. theol., Dipl. Soz. Päd., verheiratet, Priester, Team-Trainer und Führungskräfte-Coach

Günther M. Doliwa, *1953, Dipl. theol., verheiratet, 3 Kinder, Tanzlehrer, Berufsschullehrer, Pensionär, Autor und Liedermacher

Sylvia Ebner, *1976, Grafik- und Kommunikationsdesignerin, Assistenz der Geschäftsleitung eines Familienunternehmens im Medienbereich

Maria Angelika Fromm, *1951, Theologin., 3 Kinder und 8 Enkelkinder, Lehrerin und ausgebildete Diakonin, Initiatorin der Aktion Lila Stola

Walburga Ganz, *1958, Dipl. theol., verheiratet, 2 Kinder

Klaus Hamburger, *1953, Seelsorger und Autor

Christoph Klein, *1974, Lic. theol., verheiratet, 3 Kinder. Der Filmemacher und Geschäftsführer eines Technologie-Startups sucht andere Betroffene, um ein Netzwerk aufzubauen und dann gute Vermittlungspersonen anzufragen, damit Opfer von mutmaßlichem Machtmissbrauch einen nächsten Schritt gehen können. kleinfilm@hotmail.com

Alexander Narr, *1970, Dipl. Ing., verheiratet, 2 Kinder, Projektleiter, ausgebildeter Diakon und Mitglied des Leitungsteams „Bunte Kirche Neustadt“

Peter Otten, *1969, Dipl. theol., verheiratet, Pastoralreferent in St. Agnes, Köln, Autor und Podcaster

Wolfgang F. Rothe, *1967, Dr. jur. can., Dr. theol., Priester, Pfarrvikar in München/Perlach, Autor und Whisky-Experte

Guido Sauer, *1953, Dipl. theol., verheiratet, Heilpraktiker für Psychotherapie

Ruth Schäfer, *1966, Dr. theol., M. A. in Philosophie, früher kath. Ordensfrau, ordentliche Hochschullehrerin in Indonesien, jetzt evangelisch-reformierte Pfarrerin in Biel, Schweiz

Rainer Schwarzenthal, *1956, Dr. rer. soc., Dipl.-Sozialwissenschaftler, verheiratet, 2 Kinder, Marketeer, Rentner und Autor

Udo Johannes Stegmann, *1969, Dipl. theol., Dipl. Soz. Päd., verheiratet, 1 Kind, Priester, Religionslehrer und Organist

Bernhard Veil, *1951, Dipl. theol., städtischer Beamter, Pastoralreferent, Gemeindeseelsorger, Klinikseelsorger, Rentner und Autor

Ernst Josef Wageneder, *1969, Dr. theol., Priester, Kurat für Pastorale Innovation, Referent für Tourismuspastoral und Missionarische Pastoral sowie Autor

Josef Waiß, *1961, Mag. phil., verheiratet, 3 Kinder, Unternehmensberater, Personalberater, Business-Coach, Geistlicher Begleiter, Stellvertretender Vorsitzender der GCL-Gemeinschaft Christlichen Lebens in Österreich

32 anonyme Autor*innen

Die Herausgeber*in

Die Herausgeber*in sind Berater*in und Coaches. Sie begleiten seit Jahren Menschen, die in der katholischen Kirche in verschiedenen Rollen und Aufgaben hauptberuflich oder ehrenamtlich tätig sind:

© Angie Ehinger

Thomas Hanstein, *1971, Dr. theol., war neben seinen Tätigkeiten als Lehrer, persönlicher Bischofsreferent und Privatschulrektor nebenberuflicher Diakon, bis er sich aus Gewissensgründen freistellen ließ. Nach einem Zusatzstudium verlagerte er sein bisheriges seelsorgliches Engagement auf die Felder Coaching und Beratung. Seine Schwerpunkte als Coach und Buchautor sind Selbst- und Changemanagement. Der Herausgeber sagt zu seiner Motivation: *„Ein deformiertes System deformiert Menschen. Spiele mit Vertrauen und Angst sind erniedrigend. Ich kann als Diakon erst zurückkehren, wenn sich Grundlegendes ändert.“*

© Gerhard Endres

Hiltrud Schönheit, *1960, Juristin, rutschte nach kurzer anwaltlicher Tätigkeit, den Geburten von drei Kindern und mehreren Umzügen aus ihrem Beruf immer stärker in kirchliches Ehrenamt hinein. Hier ist ihr besonders als Vorsitzende des Katholikenrates der Region München, aber auch in unterschiedlichen Funktionen von verschiedenen kirchlichen Vereinen und Verbänden, die Notwendigkeit von transparenten, demokratischen und sich gegenseitig kontrollierenden Strukturen immer bewusster geworden. Sie fordert: *„Das Erzeugen von Ohnmacht und Hilflosigkeit darf kein Mittel zur Machtausübung sein."*

© iuVAmus GmbH

Peter Schönheit, *1958, Dipl. Kfm., früher Controller, Bänker und Unternehmensberater, nach eigenen Outplacementerfahrungen als Coachee jetzt Outplacementberater und Unternehmer, hat als Coach ca. 200 Führungskräfte – auch kirchliche – in der beruflichen Neuorientierung begleitet. Ehrenamtlich hat er sich an vielen Stellen in der Kirche engagiert und dabei auch toxische Führungskultur erlebt. Diese Erfahrungen führten zu dem Entschluss: *„Meine kirchliche Heimat will ich mir nicht nehmen lassen, sondern ich will zu Veränderungen beitragen."*